中国社会科学院国情调研特大项目"精准扶贫精准脱贫百村调研"

精准扶贫精准脱贫百村调研丛书

CASE STUDIES OF TARGETED POVERTY REDUCTION AND
ALLEVIATION IN 100 VILLAGES

李培林／主编

精准扶贫精准脱贫
百村调研·作干村卷

易地扶贫搬迁的实践

王 红／著

社会科学文献出版社
SOCIAL SCIENCES ACADEMIC PRESS (CHINA)

中国社会科学院国情调研特大项目
"精准扶贫精准脱贫百村调研"
项目协调办公室

主　任：王子豪
成　员：檀学文　刁鹏飞　闫　珺　田　甜　曲海燕

总　序

　　调查研究是党的优良传统和作风。在党中央领导下，中国社会科学院一贯秉持理论联系实际的学风，并具有开展国情调研的深厚传统。1988年，中国社会科学院与全国社会科学界一起开展了百县市经济社会调查，并被列为"七五"和"八五"国家哲学社会科学重点课题，出版了《中国国情丛书——百县市经济社会调查》。1998年，国情调研视野从中观走向微观，由国家社科基金批准百村经济社会调查"九五"重点项目，出版了《中国国情丛书——百村经济社会调查》。2006年，中国社会科学院全面启动国情调研工作，先后组织实施了1000余项国情调研项目，与地方合作设立院级国情调研基地12个、所级国情调研基地59个。国情调研很好地践行了理论联系实际、实践是检验真理的唯一标准的马克思主义认识论和学风，为发挥中国社会科学院思想库和智囊团作用做出了重要贡献。

　　党的十八大以来，在全面建成小康社会目标指引下，中央提出了到2020年实现我国现行标准下农村贫困人口脱贫、贫困县全部"摘帽"、解决区域性整体贫困的脱贫攻坚目标。中国的减贫成就举世瞩目，如此宏大的脱贫目标世所罕见。到 2020 年实现全面精准脱贫是党的十九大提出的三大攻坚战之一，是重大的社会目标和政治任务，中国的贫困地区在此期间也将发生翻天覆地的变化，而变化的过程注定不会一帆风顺或云淡风轻。记录这个伟大的过程，总结解决这个世界性难题的经验，为完成这个攻坚战献计献策，是社会科学工作者应有的责任担当。

2016 年，中国社会科学院根据中央做出的"打赢脱贫攻坚战"战略部署，决定设立"精准扶贫精准脱贫百村调研"国情调研特大项目，集中优势人力、物力，以精准扶贫为主题，集中两年时间，开展贫困村百村调研。"精准扶贫精准脱贫百村调研"是中国社会科学院国情调研重大工程，有统一的样本村选择标准和广泛的地域分布，有明确的调研目标和统一的调研进度安排。调研的 104 个样本村，西部、中部和东部地区的比例分别为 57%、27% 和 16%，对民族地区、边境地区、片区、深度贫困地区都有专门的考虑，有望对全国贫困村有基本的代表性，对当前中国农村贫困状况和减贫、发展状况有一个横断面式的全景展示。

在以习近平同志为核心的党中央坚强领导下，党的十八大以来的中国特色社会主义实践引导中国进入中国特色社会主义新时代，我国经济社会格局正在发生深刻变化，脱贫攻坚行动顺利推进，每年实现贫困人口脱贫 1000 多万人，贫困人口从 2012 年的 9899 万人减少到 2017 年的 3046 万人，在较短时间内实现了贫困村面貌的巨大改观。中国社会科学院组建了一百支调研团队，动员了不少于 500 名科研人员的调研队伍，付出了不少于 3000 个工作日，用脚步、笔尖和镜头记录了百余个贫困村在近年来发生的巨大变化。

根据规划，每个贫困村子课题组不仅要为总课题组提供数据，还要撰写和出版村庄调研报告，这就是呈现在读者面前的"精准扶贫精准脱贫百村调研丛书"。为了达到了解国情的基本目的，总课题组拟定了调研提纲和问卷，要求各村调研都要执行基本的"规定动作"和因村而异的"自选动作"，了解和写出每个村的特色，写出脱贫路上的风采以及荆棘！对每部报告我们都组织了专家评审，由作者根据修改意见进行修改，直到达到出版要求。我们希望，这套丛书的出版能为脱贫攻坚大业写下浓重的一笔。

中共十九大的胜利召开，确立习近平新时代中国特色社会主义思想作为各项工作的指导思想，宣告中国特色社会主义进入新时代，中央做出了社会主要矛盾转化的重大判断。从现在起到 2020 年，既是全面建成小康社会的决胜期，也是迈向第二个百年奋斗目标的历史交会期。在此期间，国家强调坚决打好防范化解重大风险、精准脱贫、污染防治三大攻坚战。2018 年春节前夕，习近平总书记到深度贫困的四川凉山地区考察，就打好精准脱贫攻坚战提出八条要求，并通过脱贫攻坚三年行动计划加以推进。与此同时，为应对我国乡村发展不平衡不充分尤其突出的问题，国家适时启动了乡村振兴战略，要求到 2020 年乡村振兴取得重要进展，做好实施乡村振兴战略与打好精准脱贫攻坚战的有机衔接。通过调研，我们也发现，很多地方已经在实际工作中将脱贫攻坚与美丽乡村建设、城乡发展一体化结合在一起开展。可以预见，贫困地区的脱贫攻坚将不再只局限于贫困户脱贫，我们有充分的信心从贫困村发展看到乡村振兴的曙光和未来。

　　是为序！

全国人民代表大会社会建设委员会副主任委员

中国社会科学院副院长、学部委员

2018 年 10 月

前　言

　　消除贫困对实现我国"到 2020 年全面建成小康社会"奋斗目标具有至关重要的作用。为了实现农村贫困人口富裕起来的目标,近年来国家进一步加大了扶贫的力度,颁布了一系列的精准扶贫政策,扶贫力度提高到了前所未有的程度。贫困村庄是我国接受国家扶贫政策的基础单位,从"村庄"这一微观层面了解贫困村庄的贫困状况及扶贫实践的特点和进展,能够及时了解和展示处于我国脱贫攻坚战最前沿的贫困村的贫困状况、脱贫动态和社会经济发展趋势,从村庄脱贫实践中总结当前精准扶贫和精准脱贫的经验教训,对于促进我国的扶贫脱贫进程、有效解决我国农村发展问题、构建和谐社会具有重要意义。中国社会科学院组织的"精准扶贫精准脱贫百村调研"课题子课题组对青海省互助县林川乡作干村开展调研,为了解基层贫困及扶贫工作提供了一个良好的契机。本书是对该村以易地搬迁为主线实施精准扶贫实践的调研报告。

　　本调研报告分析了作干村所在地区和作干村的基本情况;探讨了该村人口与劳动力流动情况;在村庄调研和入

户走访的基础上，研究了村庄农业生产与经营、农户家庭收入与支出、村民家庭和社会生活、村民社会保障等情况；了解了村庄精准扶贫精准脱贫的政策和措施，并重点研究了作干村易地扶贫搬迁项目的进展情况、实施效果、影响与存在问题。本调研报告对作干村的经济与社会发展进行了客观深入的评价，对作干村开展的精准扶贫精准脱贫工作也有了较为深刻的认识。

作干村位于青海省河湟地区，目前在青海省甚至是互助县都是比较贫困的村庄；农户普遍存在经济赤字，贫困村民对国家补助资金的依赖性很强。根据村庄和入户调研，作干村目前的贫困状况及贫困成因已经发生了较大的结构性变化，从生存贫困转化为收入增长缓慢、家庭支出增加的相对贫困。总体来看，该村贫困农户的主要致贫原因可分为两个方面。一方面与自然资源、环境、区位条件的历史变迁有关，这些历史性因素是典型的外部环境因素。目前该村存在土地资源和水资源匮乏的情况，随着村庄人口的不断增加和土地使用化肥农药的不断增加，人均耕地占有量有所减少。耕地土壤品质有一定程度下降。加之调研村庄地处偏远地区，村民外出务工尤其是在县内打零工存在较大的制约。以上是作干村长久以来持续贫困、村民生活艰苦的历史性原因，很难在短期内完全克服。另一方面则与家庭结构密切相关，是典型的内部因素。家庭人口"两多一少"（即人口数量多、病号尤其是长期重病患者多，劳动力少）、家庭劳动力"两低一少"（占人口比重低、文化程度低，参加农业科技知识培训少）的结构，制约了农村贫困户开展多种经营和多渠道就业，影响了农户的收入水平。不利的家庭结构还导致家庭的抗风险能力弱，很难在现有资产水平上迅速提高收入和积累，从而改变这种被动状态。

要改变一个村庄的自然资源、环境和区位等因素是非常困难的；家庭结构的因素也是客观存在于人类社会的。这两种主要致贫因素相叠加，大大增加了作干村扶贫工作的难度和成本。针对环境因素的扶贫措施，最有效的措施就是易地扶贫搬迁，虽然投入成本高，实施难度大，但是效果明显。针对内部因素的手段则主要依赖于社会救助和社会保障等，与整个社会尤其是农村地区的总体救助与保障水平密切相关。

本书重点探讨了易地扶贫搬迁与村庄精准脱贫的议题。作干村生存条件恶劣、生态环境脆弱、自然灾害频发，是青海省"十三五"易地扶贫搬迁重点实施村。作干村易地搬迁方式为建设新村集中安置，搬迁安置地点是距离旧村 3 公里以外的昝扎村下麻吉门。易地扶贫搬迁与村庄精准脱贫专题总结了青海省和互助县的易地扶贫搬迁政策措施，讨论了作干村的实际做法，分析了易地扶贫搬迁对村民产生的经济、社会和环境影响，探讨了易地扶贫搬迁项目在实施过程中存在的问题和面临的挑战，还从历史变迁的角度分析了国家易地扶贫搬迁政策对作干村所处的河湟地区的意义。作干村易地扶贫搬迁工程的实施，代表了对河湟地区经济、社会与生态环境变迁的一种人为转变，将减少该地区历史遗留问题对居民生存不利的自然、经济与社会影响，去除历史性的环境方面的致贫原因。这种人为改变，从理论上是合理的、有意义的，如果在实践中经过努力取得持续的成功，那么其意义将是显著的，贡献将是巨大的。

目　录

// 001　**第一章　作干村概况**

　　/ 003　第一节　作干村所在地区的基本情况

　　/ 014　第二节　作干村的基本情况

　　/ 020　第三节　有关本研究的经济统计数据

// 025　**第二章　村庄人口与劳动力流动**

　　/ 027　第一节　人口总体情况

　　/ 032　第二节　劳动力和流动情况

　　/ 040　第三节　劳动力转移就业与扶贫脱贫

// 043　**第三章　农业生产与经营**

　　/ 046　第一节　种植业

　　/ 051　第二节　退耕还林还草

　　/ 055　第三节　养殖业

　　/ 058　第四节　土地承包

　　/ 061　第五节　粮食直补

　　/ 061　第六节　农业产业发展与扶贫脱贫

// 065　第四章　家庭收入与支出

/ 068　第一节　家庭收入

/ 085　第二节　农户家庭支出

/ 094　第三节　2016 年家庭存借款情况

/ 097　第四节　小结

// 103　第五章　家庭生活及其演变

/ 105　第一节　日常生活

/ 110　第二节　家庭关系和社会联系

/ 112　第三节　村民对自己生活的评价

// 113　第六章　村民的社会生活

/ 115　第一节　教育和技术培训

/ 119　第二节　文化娱乐与风俗

/ 120　第三节　村民组织及管理

// 129　第七章　村民的社会保障

/ 131　第一节　最低生活保障

/ 134　第二节　健康及医疗保障

/ 143　第三节　社会养老

/ 145　第四节　危旧房改造与扶贫

/ 148　第五节　村民社会保障与精准扶贫

// 151   第八章　村庄精准扶贫精准脱贫情况

/ 153   第一节　贫困状况及成因

/ 156   第二节　扶贫难度

/ 157   第三节　精准识别

/ 161   第四节　精准服务和精准管理

/ 163   第五节　作干村精准扶贫主要措施

// 167   第九章　易地扶贫搬迁专题

/ 171   第一节　青海省易地扶贫搬迁总体情况

/ 175   第二节　互助县易地扶贫搬迁情况

/ 177   第三节　作干村易地扶贫搬迁

/ 181   第四节　易地扶贫搬迁影响分析

/ 183   第五节　易地扶贫搬迁的困难与问题

// 187   第十章　总　结

// 195   参考文献

// 197   后　记

第一章

作干村概况

作干村隶属于青海省海东市互助土族自治县林川乡，位于青海省东部、青藏高原东北部，地处青海东部黄河流域和湟水河流域农业区（常被称为河湟地区）的西北部；从海拔和地势来说，属于海拔较高的高山（或"脑山"）地区。由于地理、气候和区位等因素，作干村长期饱受贫困问题的困扰，是一个处于贫困县、贫困乡的贫困村。

第一节 作干村所在地区的基本情况

作干村隶属于青海省海东市互助土族自治县林川

乡，处于中华文明的重要发源地之一——河湟地区的西北部。

一 河湟地区的历史变迁

河湟地区位于青藏高原东北部，是青海东部黄河流域和湟水河流域的农业区；作干村就位于河湟地区西北部的互助县。自西汉以来，河湟地区一直是青海的经济、政治中心所在，青海的农耕区大部分分布于此，大多数人口也聚居于此。

根据河湟地区地势的变化与海拔高度的不同，由低谷至山顶划分为河谷（又称"川水"）地区、浅山地区以及高山（又称"脑山"）地区。川水地区亦被称为"河湟谷地"，海拔为 1700~2650 米，地势平缓，气候较暖，水资源较为丰富，土壤亦较为深厚，是青海农业条件最好的农耕地区，孕育了具有 5000 多年历史的河湟文化。浅山地区为海拔 2600~2800 米的山区，植被稀少，土质干燥，降水较少。浅山地区以上则为脑山地区，地势多狭窄陡峭，土地贫瘠，但海拔抬升造成气温下降，通常降雨量较大，植被以低矮草木为主，适宜畜牧业生产。[1] 作干村就位于海拔较高的脑山地区。

河湟地区史前文化的发端是距今 5200~3600 年的龙山时代，也就是新石器时代晚期的马家窑文化。5000 多年来，河湟地区经历了漫长的经济与社会形态变迁，自然生态环

---

[1] 李健胜：《汉族移民与河湟地区的人文生态变迁》，《西北人口》2010 年第 4 期。

境也发生了一定的变化。

在公元前 3200 至公元前 2700 年的马家窑文化时期和公元前 2700 至公元前 2400 年的马家窑文化半山期，河湟地区为狩猎经济与原始农业经济并行。到了公元前 2400 至公元前 1900 年的马厂期，河湟地区居民则更倚重农业经济。公元前 1636 至公元前 536 年的辛店、卡约文化时期，河湟地区居民除在谷地保留少量的农业活动外，又开始利用河流上游高地的资源发展畜牧业。这种变化的原因主要是这一时期河湟地区气候趋于寒冷干燥，直接影响到光热、降水条件进而影响到农作物的生长。在种植业越来越难以满足人们生活需要的情况下，河湟地区居民只能走向游牧化，"逐水草而居"的原始游牧状态和食草动物畜养成为当时的主要作业方式。[①]

自公元前 1 世纪汉代将军赵充国在河湟地区屯田，中原人口开始以缓慢的速度逐渐迁入河湟地区。河湟地区移民的主要动力来自历代中原政权的移民政策，即以行政或军事手段推行的强制性移民。[②] 明末清初，民众迫于战乱困苦，向河湟地区的移民大量增加。之后随着清政府荒田开垦、移民政策的推行，开始有中原居民自主西迁垦荒。清朝同治年间近 12 年的撒拉族回族战乱波及陕西、甘肃、青海等地，许多汉族为躲避战祸而迁到了青海河湟地区，河湟地区人口大量增加。[③] 土地垦殖由川水地区逐渐扩大

[①] 刘中和：《论河湟地区的气候变化与文化演变——以马家窑、齐家、辛店和卡约文化期为考察范围》，《文化研究》2014 年第 20 期。

[②] 李健胜：《汉族移民与河湟地区的人文生态变迁》，《西北人口》2010 年第 4 期。

[③] 霍福：《南京"竹子巷"与青海汉族移民——民族学视野下民间传说故事的记忆和流变》，《青海师范大学民族师范学院学报》2006 年第 2 期。

到山坡、河滩地等，使河湟地区的农田垦殖在几十年中有了较大的增长。以农业为主的生产方式主导了河湟地区，当地由"逐水草而居"的原始游牧状态进入了较之前发达的农耕文明，河湟地区的农耕文化日渐丰富。[①]

清末以来，随着人口的增加、生产方式的变化、垦殖面积的增加、垦殖范围从河谷地区向浅山和脑山坡地的扩展，河湟地区生态环境产生了显著的退化，自然灾害频发，影响到河湟居民的生活。[②] 河湟地区的农业生产者多使用粗放落后的经营方式即原始的刀耕火种方法，通过在高山坡地烧草灰和挖草坡获取肥料，天然植被遭到破坏，耕地水土流失加剧，土质变差。至民国时期，随着人口的增长、耕地的扩大及牲畜放牧，河湟地区森林草山面积缩减，自然生态平衡破坏严重，水蚀、风蚀严重。加之河湟地区处于青藏高原与黄土高原的过渡地带，同时具有黄土高原和青藏高原地区所特有的气象和地质特征，自然生态系统脆弱，河湟地区生态环境恶化严重。[③]

河湟地区历史上遗留的这些对居民生存不利的自然、经济与社会因素，如定居在不太适合耕种的浅山和脑山地区，以干旱坡地耕种为生，农业生产力水平低，加之生态环境恶化、灾害频繁、人口压力较大等，是河湟地区一些村庄尤其是浅山和脑山地区的村庄持续贫困，农民生活艰

---

① 赵永：《近代河湟地区移民》，《牡丹江大学学报》2012 年第 6 期。

② 梁新生：《简论清代河湟地区自然灾害成因》，《柴达木开发研究》2015 年第 12 期。

③ 陈新海、刘永清：《清代河湟地区的土地垦殖与环境变迁研究》，《青海民族研究》2005 年第 1 期。

苦、相当一部分人仍处在贫困状态的历史性原因。这些历史性的致贫原因很难在短期内完全消除。

二 海东市的基本情况

作干村隶属于青海省海东市。海东市位于青海湖之东，处于青藏高原与黄土高原的过渡地带，东西长124.5公里，南北宽180公里，总面积1.32万平方公里。现辖两区四县，总人口178万，汉族和藏、蒙、回、土、撒拉等18个少数民族聚居。

海东市属半干旱大陆性气候，高寒、干旱，日照时间长，太阳辐射强，昼夜温差大，冬夏温差小，气候地理分布差异大，垂直变化明显，气温随海拔增高而递减，降雨量随海拔增加而增加。海拔3000米以上的北部地区及山区较寒冷，海拔1700~2500米的黄河、湟水河谷地带较温暖。海东市矿藏和水能资源丰富。储量较大的主要有石灰石、钙芒硝、石膏、石英石、白云岩等。水能资源丰富，黄河、大通河、湟水河有大量水电资源，是青海重要的能源基地。

海东市是青海省开发较早、文化历史悠久的地区。该区域人口相对集中，是青海经济较发达地区之一。2017年末，海东市常住人口147.08万人，其中，城镇常住人口55.23万人，占总人口的比重为37.55%；乡村常住人口91.85万人，占总人口的比重为62.45%。全市户籍人口171.98万人，常住人口低于户籍人口，可以说海东市已经

第一章
——
作干村概况
一

是一个人口净流出的地区。

"十二五"期间，海东市经济总量持续增加，地区生产总值由2010年的173.3亿元增加到2015年的384.4亿元，年均增长16.2%；农村居民人均纯收入年均增长15%。产业结构在"十二五"时期发生了显著变化，二产比重增加，一产和三产比重下降，由2010年的20.7：38.9：40.4调整为2015年的13.8：50.2：36.0。2017年，全市地区生产总值436亿元，三次产业结构为13.3：47.4：39.3，人均地区生产总值达到29737元。全年农牧区劳动力转移就业54.9万人次。全年全体居民人均可支配收入15336元，城镇居民人均可支配收入27738元，农村居民人均可支配收入9723元，其中，工资性收入4654元，经营净收入2379元，财产净收入86元，转移净收入2603元，四类收入占总收入的比重分别为48%、24%、1%和27%。

海东市目前是国家六盘山片区区域发展与扶贫攻坚重点地区，有5个县（区）为国家扶贫开发重点县，互助县为其中之一。"十二五"时期，海东市贫困人口由2011年的73.87万人减少到2014年的49.07万人。2015年，海东市通过精准识别，重新确定了400个贫困村、5.6万贫困户、21.8万贫困人口，占海东市人口的比重为12.2%。贫困人口基数大，贫困面广，贫困户致贫原因多样复杂，且大多分布在边远、深山地区，产业结构单一，基础设施和基本公共服务水平不高，交通极为不便，扶贫开发成本较高，意味着海东市的扶贫工作已进入最艰难的攻坚阶段。

三 互助县的基本情况

互助土族自治县位于海东市北部。县境内达板山脉的青石岭自西北向东南贯穿全境，把全县自然地分为两大地形单元，一般习惯称青石岭东北部分巴扎和加定藏族乡为北山或后山，把青石岭西南部分统称为前山。作干村位于互助县北山。

互助县境南端是湟水河谷盆地（当地称为川水地区），向北是浅山丘陵、中高山，中北部是海拔4242~4374米高的龙王山、仙米达坂山和东砚山，高差达2274米。其中，县境南部川水河谷地，海拔2100多米，占全县总面积的7%；浅山丘陵和中高山区，海拔2200~2700米，占全县总面积的22.7%；北中部高山区海拔为3300米，占全县总面积的63%；脑山滩地为中高山及山间盆地，海拔3000米左右，占全县总面积的7.3%。作干村所处的林川乡位于海拔较高的北中部高山区，属于脑山地区。

互助县境内无湖泊，有大小天然河流8条，均属黄河流域、湟水水系，全长2895公里。除流经的湟水与大通河外，其他河流短而小，流量不大。境内河川污染较少，水质良好。境内水资源受自然降水不均的影响，加之缺乏植被覆盖的自然调蓄能力，地表水季节性变化幅度较大，一般冬春季为枯水期，夏秋季为丰水期，会出现洪水灾害。

互助县属大陆寒温带气候，冬季受西伯利亚季风和寒流影响，夏季受东南沿海台风影响。平均气温为5.8℃，极端最高气温为30.3℃，极端最低气温为-26.9℃；年日照时数为 2581.7 小时，无霜期 114 天，年降水量 477.4 毫米，年蒸发量 1198.3 毫米，年相对湿度 63%，年平均风速 0.9 米 / 秒，雷暴日数 39 天。

互助县土类、土种共有 11 个，耕地中绝大部分为壤土，黏土比例较小，在河流两岸也分布有极少量的砂土。全县绝大部分土壤为石质性土壤，以轻石质、中石质为主。互助县农业用地占总面积的 72%。其中，林业用地占总面积的 31%，牧业用地（草场）占总面积的 20%，特别用地占总面积的 2%，暂不用地占总面积的 25%。全县现有耕地 110 万亩，其中水浇地、浅山地与脑山地各自所占比例约为 13%、58% 和 26%。

互助县辖 8 个镇、9 个乡、2 个民族乡。2014 年全县总户数 114709 户，总人口 40 万人，其中农业人口 35 万人。互助县土族人口最多、分布最为集中，土族约占总人口的 17%，是全国唯一的土族自治县。2016 年，互助县地区生产总值 106.4 亿元，城镇居民人均可支配收入达到 27800 元，农民人均纯收入达到 9810 元；略高于海东市的收入水平。

作为全国唯一的土族自治县，互助县被国家纳入了六盘山集中连片特困地区的范围。按照国家新的扶贫标准，2015 年全县确定了建档立卡贫困村 118 个，精准识别贫困户 13796 户 48523 人，贫困村比率为 40.1%，贫困户比率为 15.8%，贫困发生率为 14.1%。按照"十三五"的脱贫目标，互助县的脱贫攻坚任务依然较重。互助县认真贯彻落实习近平总书记提出的"扎扎实实推进脱贫攻坚"重要指示精神，按照"三年集中攻坚，两年巩固提高"的目标，精心编制了《互助县脱贫攻坚方案》和十个行业扶贫专项方案，积极整合资金，统筹推进易地扶贫搬迁、产业扶持培育、社会保障兜底等工作。在易地扶贫搬迁中，互助县整合资金 1.42 亿元，为五十镇班彦村、林川乡作干村等 5 个乡镇 8 个村配套了水、电、路、卫生室、畜棚等设施，实现了一次规划建设、彻底改变面貌的目标，受益群众达 719 户 2694 人。2016 年 8 月 23 日，习近平总书记视察互助县五十镇班彦村调研易地扶贫搬迁等工作。林川乡作干村是互助县"十三五"期间易地扶贫搬迁项目重点实施村。

互助县综合运用产业资金引导、金融扶贫支持、互助资金撬动等措施，帮助和鼓励贫困户实施特色种养、三次产业、资产收益、劳务输出、光伏扶贫等多元化产业项目，助推贫困户实现稳定增收，增强自我发展能力。在精准识别的基础上，互助县建设了精准脱贫信息化服务平台，实现了贫困村、贫困户基础数据和易地搬迁、危旧房改造等精准管理，为实施"一户一策"和"一人一策"精准脱贫提供了大数据支撑。2016 年顺利实现 28 个贫困村退出、3031 户 10421 人脱贫的目标任务，贫困发生率较 2015 年降低了 2.6 个百分点，达到 11.5%。贫困人口人均可支配收入达到 3546 元，较 2015 年增长 19.5%。

四　林川乡的基本情况

林川乡位于互助县北部,距县城 10 公里,北靠祁连山支脉达坂山,南邻台子乡,总面积 153 平方公里。全乡平均海拔 2600~4345 米,年平均气温 2~3℃,年降水量 550 毫米左右,属浅山至脑山地区,海拔高、气温凉,无霜期短,多雨雪和霜冻,自然灾害频繁。

1949 年沿旧制设林川乡,1958 年并入五峰公社,1961 年分设林川公社,1983 年改设林川乡,2006 年原边滩、林川两乡合并为林川乡。合并后,乡办公地点设在原林川乡昝扎村。目前全乡共辖 21 个行政村,设 11 个村委会,有 170 个合作社,共计 6729 户 25296 人,居住着汉、土、藏 3 个民族,其中汉族占 84%。2016 年,林川乡农民人均纯收入达 7880 元,比互助县农民人均纯收入低约 20%。

林川乡总耕地面积 83563 亩,人均耕地面积 3.3 亩。大田作物种植以青稞、燕麦、油菜、马铃薯为主,部分村可以种植小麦、豌豆和蚕豆,一年一熟。2015 年农作物播种面积达 90582 亩,其中将近一半为油菜,近 1/4 为马铃薯,其余按播种面积依次为小麦、果品、特色蔬菜、豆类、青稞等。

互助县北部山区适合发展畜牧业,全乡牲畜饲养户主要为小规模分散养殖,达 4000 多户,主要养殖品种为猪、牛、羊等。互助县是青海唯一的地方猪种"八眉猪"的中心产地。该品种属华北型猪种,头狭长、耳朵下垂、额有纵行倒八字纹,故称为"八眉猪",当地人又称其"大耳朵"。互助八眉猪在青海约有 4000 年的驯养历史，是高原特定环境下经过长期自然和人工选择而形成的地方猪种。20 世纪八九十年代，互助县农户几乎家家养猪，那时，互助土猪肉占据青海猪肉消费市场的半壁江山。但是，随着农民进城务工、猪价波动以及洋品种和外来猪肉竞争力提升，互助八眉猪失去了原有的市场优势。肉牛和奶牛养殖逐渐兴起。

全乡林地面积为 10.9 万亩，其中林地 1.6 万亩，灌木林地 8.2 万亩，未成林林地 0.2 万亩，宜林地 0.9 万亩。林地面积中，实施森林生态效益补偿面积达 9.8 万亩以上，占全乡林地面积的 90%，涉及全乡 21 个村。生态环境良好，有作干水库、贺尔河滩等自然风光。

长期以来，林川乡的经济发展以农业为主，缺乏第二、三产业。近年来，借助于互助县境内金圆水泥有限责任公司的发展，林川乡唐日台村的石灰石矿山资源得到了有效开发，在一定程度上增加了村级集体经济收入，为周围农民群众提供了一定的就业机会。乡村贸易活动主要集中在原边滩乡政府所在地保家村、原林川乡政府所在地贺尔村以及现乡政府所在地昝扎村，这三处商铺众多，经营项目多样，包括土产杂货、五金加工、蔬菜水果、餐饮等，能够基本满足群众日常生产、生活所需。

全乡基础设施和公共服务日趋完善。全乡 21 个行政村中，通有线电视 16 个，通公路 17 个，通宽带 18 个，通电话 19 个，自来水受益村 20 个，有集贸市场 1 处、休闲健身广场 9 所。教育方面的基础设施逐渐完善，师资力量不断壮大。现有小学 17 所（其中完全小学 2 所、中心学校 1 所），小学教师 113 人，小学在校学生 1364 人，幼儿园、托儿所 4 个。互助县第六中学设在现乡政府所在地嵝扎村。乡范围内有卫生院 2 所、执业（助理）医师 11 人，医疗设施比较齐全，医疗队伍健全。乡村养老设施也逐渐建成。2016 年，林川乡整合危房改造项目资金，整合水洞村等 8 个村 61 户农户危改项目，建成了 8 个幸福院。

2015 年，林川乡确定了 10 个建档立卡贫困村，贫困村比率为 47.6%，有精准识别贫困户 934 户 3087 人。建立了 10 个扶贫工作队进驻村庄。2016 年的精准脱贫目标为：建档立卡贫困村减少为 8 个，112 户精准识别贫困户脱贫、340 人脱贫；2017 年的精准脱贫目标为：建档立卡贫困村全部脱贫，390 户精准识别贫困户脱贫、1283 人脱贫。

第二节　作干村的基本情况

一　自然地理

作干村位于林川乡北部。作干村原是贺尔村的一部分，后来从贺尔村分离出来。距林川乡政府所在地嵝扎村 8 公里；离村庄最近的公交车站位于贺尔村，步行距离为 1.5 公里。村域土地面积为 213.2 平方公里（3198 亩）。作干村是一个自然村，有三个社，分别为一社、二社和三社（见表 1-1）。

表 1-1 作干村自然地理概况

地貌	村域面积	自然村（寨）数	村民组数
脑山地区	213.2 平方公里	1 个	3 社
与县城距离	与乡镇的距离	与最近的公交车站距离	行政合并或划出历史
20 公里	8 公里	1.5 公里	从贺尔村分出

说明：本书统计图表，除特殊标注外，均来自作干村调研。

二 基本情况

2016 年，作干村共有 127 户 498 人（常住人口 455 人），全部为本地户。平均每户人口规模为 3.9 人。村民中汉族占绝大多数，有 486 人；有少数民族 12 户 12 人，均为从村外娶来的媳妇。作干村户均人口数较多年前有所下降，这与村民更能接受一对夫妻两个孩子的观念有关。

2016 年，作干村有精准识别建档立卡贫困户 71 户、贫困人口 253 人，实际贫困户为 71 户，实际贫困人口为 253 人；非贫困户为 56 户 245 人。有 4 户低保户（同时也是低保兜底户），低保人口为 19 人；4 户五保户，五保人口为 4 人。2017 年，作干村建档立卡贫困户发生了动态变化，有 4 户贫困户脱贫，有 1 户贫困户（单身）死亡，新增了一户建档立卡户；数据更新后，2017 年作干村有精准识别建档立卡贫困户 66 户、225 个贫困人口（见表 1-2）。

表1-2　2016 年作干村人口基本情况

项目	数量
总户数（户）	12
总人口	498
常住人口数	455
a. 建档立卡贫困户数	71
b. 实际贫困户数	71
c. 低保户数	4
d. 五保户数	4
e. 少数民族户数	12
f. 外来人口户数	—
总人口数（人）	498
a. 建档立卡贫困人口数	253
b. 实际贫困人口数	253
c. 低保人口数	19
d. 五保人口数	4
e. 少数民族人口数	12
f. 外来人口数	—
g. 文盲、半文盲人口数	200
h. 残疾人口数	19

三　土地资源与利用

全村土地面积为 3198 亩，其中耕地面积 1689 亩，占全村总面积的 52.8%，全部是旱地，有效灌溉面积为零；人均耕地 3.4 亩；与林川乡的人均耕地面积相近（人均 3.3 亩）。作干村无园地面积，林地面积为 340 亩，主要树种为杨树、桦树、松树和沙棘等乔灌木，占全村总面积的10.6%，其中有230亩是自2013年起退耕还林后才有的。牧草地面积为690亩，占全村总面积的21.6%。无畜禽饲养地和养殖水面。简单地说，作干村的土地资源利用现状为"五分耕地、一分林地和两分草地"。农用地中属于农户自留地的面积有120亩，没有未发包的集体耕地。

由于很多农户中都有一个或更多的劳动力外出务工，作干村存在比较严重的耕地撂荒现象。据村干部估计，近年来全村有近300亩闲置抛荒耕地。

作干村的耕地主要为脑山坡地，90%以上的耕地坡度在25度以上，根据国务院于2014年批准的《新一轮退耕还林还草总体方案》，25度以上坡耕地属于具备退耕还林还草条件的坡耕地。目前，全村有近300亩闲置抛荒耕地（坡度均在25度以上）已被列入了退耕还林计划。退耕还林还草的实施，将显著改变作干村"五耕一林二草"的土地利用现状，同时将对作干村村民的生产、生活方式产生显著的影响。

作干村第一轮土地承包与全国大部分地区相同，起始于1983年，承包期为15年。第二轮土地承包起始于1997年，承包期延长为30年，至2026年12月31日止。第二轮土地承包后，作干村并没有进行土地调整。2014年，互助县被确定为全省开展农村土地承包经营权确权登记颁证整县推进的试点县之一；2017年初，互助县林川乡等三个乡镇农村土地承包经营权证书发放工作有序推进，作干村所有农户已全部领到政府统一印制的农村土地承包经营权证书。经营权证书上标明了农户所承包地块的信息和地块图。互助县县、乡两级联网的土地确权数据平台系统现已安装调试完成，方便农户查询。

自1983年第一轮土地承包以来，作干村的土地利用方式一直没有发生大的变化。2016年国家实施《新一轮退耕还林还草总体方案》，对作干村的土地利用方式产生了较大的冲击，全村近300亩闲置抛荒耕地（坡度均在25度以上）已被列入了退耕还林计划。2016年，全村38户的114.33亩耕地通过了退耕还林还草项目的验收，耕地面积减少，草地面积增加，这将在一定程度上改变作干村的农业生产方式，减少农作物种植面积，增加牧草种植和养殖。

2016年，作干村未被国家征用耕地，农户和村集体亦未对外流转耕地和山林地，没有对外出租耕地。土地管理方式仍然是传统的家庭联产承包责任制。

四　经济发展情况

种植业和养殖业是作干村的主要产业。全村耕地面积为1689亩，主要种植作物有小麦等粮食作物和油菜、马铃薯、蚕豆等经济作物。2016年，农作物总播种面积为1427亩，其中，小麦播种面积888亩，油菜播种面积444亩，马铃薯播种面积50亩，蚕豆播种面积45亩。2016年，全村闲置抛荒耕地有262亩，已经列入互助县的退耕还林还草计划。

作干村的养殖业规模小，主要为一家一户小型分散的牛羊养殖，但也有五六户养殖大户。主要养殖肉牛，肉牛存栏量在十几头至几十头之间，大大增加了养殖户的家庭收入，使之在全村位居前列。成立了3个农民合作社，全部为牛羊养殖合作社，主要是基于亲缘、地缘由几家关系亲近或本家的农户自发组成，合作关系松散，目前来看，并没有带来明显的合作效益。

作干村没有任何集体经济，没有从事第二产业的企业或家庭。有几个家庭从事第三产业的经营，主要是一位农户在县外（西宁市大通县）从事商贸业，另外2户在村内经营小卖部，属于小本经营，规模小，主要为满足村民的日常生活和生产需要。可以说，至2016年，作干村几乎没有非农产业发展。

五　村庄基础设施

作干村现有的基础设施条件能够满足村民基本的交通、通信、饮水需求，但是缺乏教育等其他公共服务基础设施。具备良好的用电条件，通有电话线，但无宽带和有线上网设施。入村道路为柏油路，入户路除少数几户直接连接到入村的硬化公路外，其他一半是泥土路，另一半是砂石路，但是离最近硬化公路的距离近，仅为1公里。几乎没有任何农田水利设施。饮用水源是受保护的井水和泉水，几乎全部实现管道供水入户，不存在饮水困难和间断取水的困难。

第三节　有关本研究的经济统计数据

一　调研方法

本次调研采用了多种调研方法。一是访谈调查法，包括个别访谈、集体访谈，必要时开展电话访谈。二是实地观察法，由课题组成员到县、乡和镇进行实地观察，获得直接的、生动的感性认识和真实可靠的第一手资料，并通过音像手段进行保留。三是会议调查法，由课题组与省、县扶贫单位召开小型座谈会开展调研，有助于了解总体现状和政策措施。四是抽样问卷调查法，村调查和入户调查将采取这种方法，问卷由科研局统一编制，被调查的家庭户按规定科学抽取，以取得较为规范、统一和完整的信息。五是典型调查法，对有代表性的农户进行较为深入的调查研究。六是文献调查法，通过对国家和当地有关精准扶贫的文献进行搜集和摘取，进一步提升本次调研的深度。

二　资料与数据来源

本书所涉及的统计数据有以下几个来源。①林川乡政府提供的乡及村的有关数据。②作干村村委会提供的资料，主要包括村文字档案和电子档案资料、村上报上级单位材料、上级单位下发至村委会材料，少数数据为村干部根据全村经济社会情况的估算。③本课题组调研所得数据，包括村调研和入户调研。调研方法包括访谈调查、实地观察、会议调查、抽样问卷调查、典型调查和文献调查。本课题于 2016 年 12 月开展了村庄调查；于 2017 年 2 月开展了针对贫困户和非贫困户的抽样问卷调查和其他访谈调查，样本数量为 60 户，涉及人口 241 人。2017 年 7 月开展的第三次调研主要是了解 2017 年上半年的村庄最新发展变化，并就相关问题开展补充性和扩展性调查。

三 抽样方法

本课题于 2016 年 12 月进行了村庄调查，在 2017 年 2 月开展了针对贫困户和非贫困户的抽样问卷调查，同时还开展了一些重点户和重点人口访谈。样本数量为 60 户，涉及人口 241 人，占全村总户数的 47.2%，占全村总人口的 53%。其中，贫困户 30 户、贫困人口 120 人；非贫困户 30 户、非贫困人口 121 人。

本调研的村内问卷调查样本单位是住户。因为是以贫困村为考察对象，村内人口是由贫困人口与非贫困人口构成，不仅仅要考察贫困村的贫困与脱贫情况，还要考察贫困村的发展情况，所以样本抽样既包括贫困户，又包括非贫困户。

如果不考虑样本对贫困村贫困程度的代表性，那么理想的抽样方法是对村内所有住户进行完全随机、等距、分组等抽样方法。受样本数量限制，这样的抽样方案对村内贫困户不具代表性。因此，为了保证样本对村内所有住户及贫困户的代表性，本入户调查采取了分层抽样方法。该方法是把一个总体分为不同子总体（或称为层），按规定的比例从分层中随机抽取样品，虽然抽样手续比简单，但是具有样本代表性较好、抽样误差较小的优点。

具体抽样时，以全村 71 户建档立卡贫困户和 56 户非贫困户家庭名单为基础，建立抽样框；对两组抽样框采取随机起点等距抽样，抽取了 30 户贫困家庭与 30 户非贫困家庭，抽样比分别达到了 42% 和 54%。虽然调研组成员在当年春节过后就开展了入户调查，但是仍有多户人家因出门打工或走亲戚而家中没人，为此，相应分别补充了其他的贫困户与非贫困户。不过，由于作干村的抽样比率较高，降低了样本调整对数据可信度的影响。在推算村庄总体状况时，则用两类户数对各自样本统计数进行加权统计。

四 分析方法和数据可靠性

本调研在核算和分析调查数据时，分别计算了 30 户贫困户和 30 户非贫困户的社会与经济数据，在此基础上汇总产生了 60 户调研户的总体情况。根据 30 户贫困户和 30 户非贫困户的分层抽样比，估算了所有贫困户、非贫困户和全村总体的经济与社会数据。由于本调研贫困户和非贫困户分层抽样比分别达到了 42% 和 54%，估算的全村总体的经济与社会数据具有较强的可靠性。本书统计图表中，除特殊标注，均来自作干村的村庄调研。

第二章

村庄人口与劳动力流动

第一节　人口总体情况

一　村民人口概况

　　根据村庄调研数据，2016 年作干村共有 127 户 498 人（其中常住人口 455 人），平均每户人口规模为 3.9 人。2017 年，作干村有 127 户 510 人（其中常住人口 467 人），比 2016 年增加了 12 人，增加人口占全村总人口数的 2.3%；平均每户人口规模 4.0 人，也略有增加。村民中汉族占绝大多数，有 101 户 486 人，占全村人口总数的 97.6%；少数民族的农户有 12 户 15 人，均为从村外娶来的媳妇，主要为藏族和土族（见表 2-1）。

入户调研的人口概况与村庄调研的数据略有不同。根据 2016 年的入户调研，贫困户样本户中有 2 个非常住人口，非贫困户样本户中有 1 个非常住人口。样本户中汉族占绝大多数；藏族和土族是主要的少数民族。60 户家庭 241 人中，共有汉族 226 人，占 94%；藏族 11 人、土族 4 人，分别占 5% 和 2%，都是从外村嫁入本村的。

表 2-1　作干村人口总体情况

单位：户，人

项目	2016 年	2017 年
总住户数	127	127
总人口	498	510
常住人口	455	467
少数民族户数	12	12
少数民族人数	15	15
外来人口户数	—	—

二　村民年龄结构

根据作干村村民名单和身份证号码清单统计，作干村的人口年龄结构总体上呈现两头小、中间大的纺锤形状，未成年、成年人与老年人的比例大致为 1∶7∶2。2016 年，作干村小于 6 岁的儿童比例占 4.1%，6~15 岁青少年占 12.6%，16~18 岁人口占 2.5%，19~22 岁人口占 5.5%，23~40 岁人口占 21%，41~50 岁人口占 23.8%，51~60 岁人口占 16.7%，61 岁及以上人口占 13.8%（见表 2-2）。

表 2-2　作干村 2016 年人口年龄结构

单位：人，%

年龄	人数	所占比重
0~2	4	0.8
3~5	17	3.3
6~12	34	6.7
13~15	30	5.9
16~18	13	2.5
19~22	28	5.5
23~30	49	9.6
31~40	58	11.4
41~50	122	23.9
51~60	85	16.7
61~70	36	7.1
71~82	34	6.7
总计	510	100

作干村 19~50 岁有 257 人，占总人口的比重为 50.3%；19~60 岁的劳动适龄人口有 342 人，占总人口的比重为 67.1%。根据国家统计局统计，2015 年中国劳动年龄人口占比达到 66.3%，作干村与国家平均水平非常接近。作干村 60 岁以上老人的占比为 13.8%。根据联合国对老龄化社会的传统标准，一个地区 60 岁以上老人达到总人口的 10%，即为老龄化社会，可以说，作干村呈现了一定程度"未富先老"的特征，对村民家庭的自我发展和家庭的养老能力产生了很大的压力（见图 2-1）。

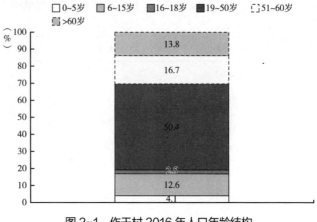

图 2-1　作干村 2016 年人口年龄结构

三　村民性别结构

时至今日，中国的"传宗接代""养儿防老""送终祭祖"等传统生育文化对一部分人仍有深深的影响，特别是在相对落后的贫困地区。大多数家庭中，男性是家庭财富的主要创造者；女子成年后出嫁，不能为家庭提供劳动力和养老资源。根据相关研究，20 世纪 90 年代中期以前青海省出生性别比保持在正常范围内，但从 90 年代后期开始，出生性别比逐步升高。2000 年以后出生性别比升高涉及的地域范围扩大、升高程度普遍加剧，成为青海省人口结构性变化的重要特征之一。2000 年，青海省出生性别比为 110.6，与 1990 年第四次人口普查资料相比增加了 6.24，超过规定的正常值范围 103~107。[①]

根据对作干村适龄儿童的统计调查，在初中阶段适龄

---

① 李卫平：《对青海省出生人口性别比的分析与思考》，《攀登》2006 年第 5 期。

儿童中也存在小范围内的性别比失衡现象：初中阶段适龄儿童 30 人中，女生仅有 10 人，男生有 20 人。这一年龄段的儿童正是在 2000 年以后这个时间段出生的。不过，在小学阶段适龄儿童中，已不存在性别失衡的现象：小学阶段适龄儿童 34 人，其中，女生有 17 人，男生有 17 人。

四　村民文化程度

随着青海省教育水平的提高和义务教育的普及，作干村村民文化程度也有了一定程度的提高，文盲与半文盲人口的比例远远低于 30 年前，当时有一半甚至 2/3 以上的人口都是文盲。据对 60 户 243 名村民的入户调查，作干村文盲占 14%，小学文化程度的占 48%，初中文化程度的占 32%，高中文化程度的占 3%，大专及以上文化程度的占 2%。文盲与半文盲人口主要集中在 40 岁以上的年龄段。根据入户调查推算，全村文盲人口应该在 64 人左右，占总人口的 14% 左右。

根据《中国统计年鉴》和第六次人口普查数据，2016年我国的文盲率（文盲人口占 15 岁及以上人口的比重）为 5.28%。虽然作干村文盲率的统计基数为不含学前幼儿的人口总数，但是仍能反映出村民的文化水平低于全国平均水平。

贫困户与非贫困户的文化水平也存在一定的差异。贫困户的文盲率高，初中教育程度的人口比重低于非贫困户（见表 2-3）。

表 2-3　作干村 2016 年 60 户被调研家庭不同文化程度的比重

单位：%

项目	文盲	小学	初中	高中	中专（职高技校）	大专及以上
贫困户	19	47	29	3	1	1
非贫困户	10	50	34	3	0	3
60 户样本户	14	48	32	3	0	2

注：人口总数中不含学前幼儿。

第二节　劳动力和流动情况

一　劳动力情况

在 60 户样本户调查统计的基础上，推算出了作干村的劳动力情况。2016 年，作干村共有劳动力 307 人，占全村总人口（455 人）的 67.5%，非常接近 2015 年末中国 16~60 周岁（不含 60 周岁）劳动年龄人口占总人口的比重（66.3%）。其中，普通全劳动力 246 人，技能劳动力 16 人，部分丧失劳动能力者 45 人，分别占总人口的 54.0%、3.5% 和 9.9%。作干村的劳动力中，技能劳动力仅占 4%，比例很低（见表 2-4、表 2-5）。

表 2-4 2016 年作干村抽样户及全村劳动力情况

单位：人

项目	30 户贫困户	30 户非贫困户	60 户样本户	71 户贫困户	56 户非贫困户	全村
普通全劳动力	61	66	127	132	114	246
技能劳动力	2	7	9	4	12	16
部分丧失劳动能力	11	12	23	24	21	45
无劳动能力但能自理	19	7	26	41	12	53
无自理能力	2	0	2	4	0	4
不适用	22	25	47	48	43	91

表 2-5 2016 年作干村抽样户及全村劳动力结构

单位：%

项目	30 户贫困家庭	30 户非贫困家庭	60 户样本户	全村
普通全劳动力	52.1	56.4	54.3	52.1
技能劳动力	1.7	6.0	3.8	1.7
部分丧失劳动能力	9.4	10.3	9.8	9.4
无劳动能力但能自理	16.2	6.0	11.1	16.2
无自理能力	1.7	0	0.9	1.7
不适用	18.8	21.4	20.1	18.8
小计	100	100	100	100

比较贫困户与非贫困户的劳动力结构，发现既存在一定的相似之处，也存在明显的差异。相似之处在于，贫困户和非贫困户部分丧失劳动能力的比例（约 10%）与小于 16 岁、大于 60 岁的不适用人口比例（约 20%）接近。不同之处主要是，贫困户的劳动年龄人口占人口的比重

为 63%，而非贫困户为 72%，相差 9 个百分点，差异还是比较显著的。另外，贫困户的普通全劳动力、技能劳动力比例相对更少；贫困户无劳动能力但能自理及无自理能力的人口比例更多。由此可见，总体来看，缺劳动力是贫困户致贫的一个主要原因；细究起来，主要还在于缺乏普通全劳动力和技能劳动力，且无劳动能力的人口更多。

二　劳动力本地务农

作干村的农户每年用于种植的时间并不长，播种加上收割总共只需一到两个月的时间。一般来说，农户家里的劳动力如果有两个以上的话，大部分农活会由一个人主要负责，另外的劳动力在农忙季节会回来帮忙；不过，有的家庭也会由夫妻二人共同承担农活，务农的时间大致相同。有的农户也存在放弃在外务工转为在家务农的情况。2016 年初，长期在外打工的村民张长江回到村里，承包了 50 亩荒地试种燕麦草，初夏收获了 47 吨青储饲料，收入近 3 万元。该村民看准了市场行情，增加了种植规模，因此也增加了务农的收入。

开展牛羊养殖的农户家庭就比较辛苦，一年 365 天都需要不停地劳碌。一般来说，会由一个主要劳动力全年负责牛羊养殖，不过，有的农户看到养殖业的效益比较好，就扩大了养殖规模，因此需要付出更多的劳动时间。比如，有一个养殖户家庭以前一直由女主人负责肉牛的养殖，男主人则在西宁市一单位务工，年收入达到五六万元，稳定可观。2016 年，该农户看好肉牛的市场行情，决定扩大养殖规模，女主人忙不过来，就让男主人回村务农，专心在家里从事养殖，是一个从外地务工转为回乡养殖的典型例子。

三　劳动力外出务工

作干村村民外出务工主要是出于以下几种原因。第一，对于没有养殖业的家庭来说，在家务农只需要投入一至两月的时间，农活少，农闲时间长。第二，作干村人均耕地面积为 3.4 亩，不过都是山地、旱地，一直处于靠天吃饭的状态，雹灾、旱灾频繁，且劳动强度大，农业生产的效益低。第三，外出务工是增加收入的一种最为快捷的途径。第四，对于很多年轻人来说，他们都渴望离开村庄，去外面的世界体验更加丰富的人生，融入当前技术进步所带来的现代化的生活当中。

根据 2014 年的一份报道[1]，青海省农民外出务工有七个主要的特征。第一，青海省农民工务工半径相对较小，近八成在本省地域从业。第二，外出从业城镇类型分布比较分散。第三，接受过农业技术培训和非农职业技术培训的较少。第四，外出务工的求职途径主要是自发和通过亲朋好友。第五，外出务工人员从事行业相对集中，以建

---

[1] 《青海去年外出务工劳动力月均收入 3298 元，增长 42.6%》，《青海日报》2014 年 2 月 24 日。

筑业、住宿和餐饮业、制造业为主，其中建筑业占一半左右。第六，工作流动性较大，较长时间稳定从事某种工作的人员少，打短工的人员多。第七，外出务工收入较好，全省外出务工劳动力月均收入3298元，工资拖欠情况存在但不是很多。

根据对作干村的调研，该村的外出务工情况与青海省外出务工的主要特征有吻合之处，但也存在一定的差异。首先，外出务工人员主要在省内地域务工，但比例高于全省水平。在提供答案的外出劳动力中，94%在本省地域内务工，其中在乡镇内和县外省内务工的人员比例基本相同，分别为37%和36%，21%在乡镇外县内务工；省外务工人员很少，只有6%（见表2-6）。与全省平均水平相比，在省外务工的人员比例更少。贫困户与非贫困户之间还存在一定的差异，贫困户更多在乡镇内务工；非贫困户更多在县外省内务工。

另外，与全省外出务工人员打零工较多的特点不同，作干村的外出务工时间呈现短工和长工居多、不短不长的工作较少的特点。务工时间在3个月以下和6~12个月的人员比例相近，分别为39%和38%，务工时间为3~6个月的占23%。贫困户与非贫困户在外出务工时间长短上存在显著的差异，贫困户劳动力打短工的更多，打长工的更少。贫困户的务工时间更多为3个月以下、非贫困户的务工更多在6~12个月（见表2-7）。这一差别明显会造成贫困户与非贫困户之间的收入差距。

表 2-6 2016 年作干村劳动力外出务工地点

单位：人，%

外出务工状况	60 户样本户		30 户贫困家庭		30 户非贫困家庭	
	人数	占比	人数	占比	人数	占比
乡镇内务工	36	37	22	45	14	29
乡镇外县内务工	21	21	11	22	10	20
县外省内务工	35	36	12	24	23	47
省外务工	6	6	4	8	2	4
小计	98	100	49	100	49	100

表 2-7 2016 年作干村劳动力外出务工时间

单位：人，%

外出务工时间	60 户样本户		30 户贫困家庭		30 户非贫困家庭	
	人数	占比	人数	占比	人数	占比
3 个月以下	36	39	22	49	14	30
3~6 个月	21	23	11	24	10	21
6~12 个月	35	38	12	27	23	49
小计	92	100	45	100	47	100

根据入户调查，被调研家庭的第一劳动力和第二劳动力在本地打零工的天数平均在 68 天左右（通常第一劳动力为男人，第二劳动力为女人），其中，贫困户为 97 天，非贫困户为 40 天，相差很大。第一劳动力和第二劳动力分开来看，第一劳动力的本地打零工天数，贫困户与非贫困户平均分别为 76 天和 29 天，而第二劳动力则分别为 21 天和 11 天，也存在相同的特点。这一特点与上面对劳动力外出务工时间的总体调研结果也是一致的，即贫困户更多在本地务工（见表 2-8）。

表 2-8　2016 年作干村两个主要劳动力的外出务工时间

单位：天

项目	两个劳动力合计			第一劳动力			第二劳动力		
	均值	贫困户	非贫困户	均值	贫困户	非贫困户	均值	贫困户	非贫困户
从事农业生产	127	131	122	64	68	60	63	63	63
本地打零工	68	97	40	52	76	29	16	21	11
县内镇外打工或自营	26.5	18.5	34	20	16	24	6	2	10
省内县外打工或自营	61	17	113	47	13	87	14	4	26
省外打工或自营	18	23	13	10	19	0	9	5	13

外出务工人员的就业行业主要为建筑业、餐饮业和交通运输业，与全省的主要务工行业相同。在建筑业务工的人员主要选择小工、瓦工等工种，对务工人员的技术要求不高。在餐饮行业务工的人员，主要是在省内中小型的饭馆务工。青海的餐饮业以"拉面"等具有青海风味的快餐饮食为主要特色，在青海扶贫攻坚、劳务输出过程中形成了"拉面经济"的独特品牌。在青海海东等地区，"拉面经济"已帮助不少当地百姓脱贫致富。

外出务工的村民当中，绝大多数把务工收入带回家。根据入户调研结果，在提供答案的 135 个村民中，约有 21 个不把收入带回家，所占比例仅为 15%，主要原因是在外务工收入不理想或由于多种原因个人支出较多。提供答案的 70 个贫困劳动力中，有 14 个没有把务工收入带回家；提供答案的 65 个非贫困劳动力中，有 7 个没有把务工收入带回家。贫困户中有更多的劳动力没有把收入带回家，这一方面可能是由于部分贫困户的劳动力务工时间较短，没有获取足够的收入；另一方面可能是由于有其他额外的支出。

外出务工带来了较好的收入。2016 年，调查户外出务工劳动力日均收入为 80~150 元，月收入为 2000~4500 元。

根据入户调查，在日均收入水平方面，第一劳动力平均日工资为 108 元，贫困户平均日工资为 102 元，非贫困户平均日工资为 113 元；第二劳动力平均日工资为 83 元，贫困户平均日工资为 82 元，非贫困户平均日工资为 84 元（见表 2-9）。由调研结果可以得知，贫困户与非贫困户的外出务工日均收入水平，在第一劳动力之间差别并不大，差额仅为 11 元；但是不论是贫困户还是非贫困户，在第一劳动力和第二劳动力之间都存在明显的差异。一般来说，第一劳动力通常是男性户主，第二劳动力为女性配偶，这一差异亦可以解释为男女务工人员的务工收入差异。

根据入户调研（见后文），贫困户与非贫困户之间存在显著收入的差异。由于贫困户与非贫困户的日均收入水平差异较小，贫困户与非贫困户户均工资性收入的显著差异应该归结于务工时间的长短差异和务工的人数差异，也就是说，非贫困户的务工人数更多，时间更长、更稳定，因此户均工资性收入更高。

表 2-9 两个主要劳动力的工资性收入

单位：元

项目	第一劳动力			第二劳动力		
	合计	贫困户	非贫困户	合计	贫困户	非贫困户
报告收入的人数	46	22	24	19	5	14
工资性收入	15790	11450	19770	11226	6620	12871
平均日工资	108	102	113	83	82	84

作干村村民在外出务工的过程中也遇到了一定的问题。第一，外出务工所从事的行业比较单一，主要是建筑业、餐饮业和交通运输行业，劳动强度大，技能要求低，报酬相对较低。第二，外出务工的长期稳定性较差，主要是季节性、临时性的工作，零工较多。第三，存在一定比例的欠薪现象。在被调研农户中有11例拖欠工资，占提供答案的52人中的20%左右，比例还是较高的，拖欠金额为600~5000元，拖欠时间在半年到4年之间，有6例尚未付清。第四，虽然大部分外出务工人员都加入了针对农村和贫困农户的医疗和养老保障计划，但是无人拥有工伤、失业、生育和公积金保障，抵御风险的能力依然很弱。第五，作干村地处偏远，不利于村民外出务工。

第三节　劳动力转移就业与扶贫脱贫

一直以来，青海省把促进转移就业作为贫困地区和贫困家庭脱贫的有效途径之一，制定和实施了多种相关政策。各地人社就业部门加大了贫困家庭劳动力职业技能培训力度。通过劳务经济人带动、培育省级劳务品牌、农民工返乡创业带动就业，鼓励和引导贫困家庭劳动力就近就地转移就业。与此同时，2016~2017年在全省365个乡镇和1622个贫困村开发就业扶贫公益性岗位2000个，全部用于安置贫困家庭劳动力,专职从事就业扶贫工作。这些措施取得了一定的成效。

作干村作为一个贫困村,确实享受到了国家促进转移就业扶贫政策的好处,主要体现在技术培训和扶贫公益性岗位两个方面。近两年,全村有 41 人次参加了农业技术培训,有 47 人次参加了职业技术培训。农业技术培训主要教授种养殖技术,职业技术培训则涉及烹饪、挖掘机等技能。一些农民在接受培训后找到了相关领域的岗位。另外,作干村有 6 名贫困人口接受了扶贫公益性岗位,主要从事本村的护林、清洁卫生等工作,对于贫困家庭脱贫有了实质性的帮助。

不过,通过访谈发现,在作干村开展的这些促进转移就业的举措还存在一定的问题。村民接受的技术培训还是存在时间较短、技能种类较少、培训人员进步较小等问题,对村民就业的积极影响并不明显。今后还需要在扩大培训覆盖面的同时,进一步加强培训的力度。另外,贫困村村民接受的扶贫公益性岗位数量不多,且长期稳定性依然存疑。

第三章

农业生产与经营

本章主要介绍作干村的种植业、养殖业等的生产与经营，及其与扶贫脱贫的关系。对于作干村的农户来说，农业生产是作干村村民传统的生产方式，也是村民重要的生活保障，对村民仍然具有非常重要的作用。种植业为农户提供了生存所必需的口粮和蔬菜，村民普遍认为食用"自家的麦子，自家的面"是最好的选择；一些家庭甚至还能通过出售一部分粮油产品来增加家庭收入。养殖业则大幅度增加了村民的收入。

　　不过，在目前大多数劳动力都选择外出务工的背景下，农业生产对于个别家庭而言在一定程度上失去了原来的重要性。大部分家庭既从事农业生产，又外出务工；对少部分村民来说，就算不开展农业生产、没有农业经营收入也不会产生困扰；当然，也有一小部分家庭由于缺乏劳动力或家有重

第三章

农业生产与经营

症患者不能外出务工等，仍然把农业作为获取收入的唯一途径。调研发现，60 户家庭中有 8 户没有农业经营收入，占所有调研农户的 13%；其中，贫困户 5 户，非贫困户 3 户。不过，也有 8 户没有工资性收入，是单纯从事农业生产的家庭，其中，贫困户 6 户，非贫困户 2 户。

第一节　种植业

全村耕地面积为 1689 亩，占全村总面积的 52.8%，全部是旱地，有效灌溉面积为零，人均耕地 3.4 亩。很多农户家中有一个或多个劳动力外出务工，且农业产出收益低下，因此作干村存在比较严重的撂荒现象。据村干部估计，近年来全村有近 300 亩闲置抛荒耕地，部分已列入互助县的退耕还林还草计划。

作干村的主要种植作物有小麦等粮食作物和油菜、马铃薯、蚕豆等经济作物。2016 年，农作物总播种面积为 1427 亩，其中小麦播种面积 888 亩，油菜播种面积 444 亩，马铃薯播种面积 50 亩，蚕豆播种面积 45 亩。由于作干村地处较高海拔的脑山地区，以前并不太适合油菜作物的生长。近年来当地科研人员选育地方优势品种工作取得积极的进展，扩大了当地的油菜适宜耕作海拔范围，作干村的油菜播种面积有所增加。

一 小麦种植

小麦是互助县也是作干村主要的粮食作物之一，种植面积最广、历史最长。作干村的小麦种植品种以互助红、互麦 13 号为主，均由互助县农业技术推广中心研究开发，比较适应互助县的自然条件。虽然苗期生长缓慢、灌浆期较慢，但耐干寒瘠薄、分蘖力强、成穗率高，根重、茎长、叶茂，后期耐冻和耐阴湿，抗病，口紧不易遭雹落粒，千粒重稳定，属于比较稳产的品种。

由于作干村气候和土壤条件的限制，加上没有灌溉措施，农业科技落后，小麦亩产很低的状况到现在也没有明显的改善。正常年份小麦亩产量在 200 公斤左右，2016 年作干村由于雨灾的影响，亩产仅有 100 公斤左右。按人均耕地 3.4 亩，其中大约一半种植小麦计，2016 年，作干村小麦种植面积为 888 亩，总产量为 88.8 吨；按市场平均价格 1.6 元 / 公斤计，相当于收入 14 万元多。2016 年，人均收获小麦仅 190 公斤左右，主要用于家庭自用，基本没有余粮进入市场销售。

二 春油菜种植

春油菜在互助县具有较长的种植历史，是互助县五大作物之一。互助县气候冷凉，日照充足，土地面积较大，土壤疏松肥沃，气候资源和地理环境具有一定的优势，该县的"北山"杂交油菜在省内外比较有名。

20 世纪 80 年代末，随着小油菜优良品种及栽培技术的推广和改进，油菜生产有了较大突破。进入 90 年代中期，随着优质杂交油菜和常规油菜的繁育和推广，油菜种植面积迅速扩大，油菜品质和产量有了进一步提高。近年来，互助县科研及推广人员通过品种改良、培植和选育等措施，成功选育推广了优势地方品种，形成了良好的油菜品种区域布局，能够适应互助县内不同的立地和气候条件，生产地域已经推广到了海拔 3000 米左右的地区，这一区域正是作干村大部分耕地的所在区域。

作干村的油菜种植品种为优势地方品种，耐寒力较强，有一定抗性，适合海拔较高的立地条件。一般于 4 月中旬播种，9 月中旬收割。不过，由于作干村气候和土壤的限制，加上没有灌溉措施，农业科技落后，油菜亩产很低的状况也没有明显的改善。正常年份油菜籽亩产量为 100~200 公斤，但是 2016 年由于作干村雹灾的影响，大部分农户的油菜亩产量仅有 50 公斤左右。2016 年作干村油菜播种面积为 444 亩，总产量为 22.2 吨；按市场平均价格 4.0 元 / 公斤的 90% 计（即 3.3 元 / 公斤），相当于收入仅 7.9 万元。主要用于农户自用。

三 马铃薯和蚕豆种植

互助县高寒冷凉的地理气候条件，非常适合马铃薯的生产。当地种植的马铃薯表皮光滑、薯形大、产量高、淀粉含量高，取得了由国家工商行政管理总局批准正式注册的"互助马铃薯"商标。不过，由于作干村位于脑山地区，海拔高，灾害频繁，每年的种植面积仅在 50 亩左右，亩产量低于互助县的平均水平，仅为1000 公斤左右。

四 其他作物的生产

互助县蚕豆主要种植于热量充足、灌溉条件便利的川水及部分高位水地。因此，作干村的蚕豆种植面积很小，2016 年仅种植了 45 亩蚕豆，亩产量为 150 公斤。

有的农户为了脱贫致富，开展了中药材的种植。调研中发现，有一户村民在 2016 年种植了中药材当归，种植面积为 1 亩，收入在 3500 元左右；与小麦、马铃薯和油菜相比，亩均收入水平提高了很多。根据村委会主任所说，作干村虽然粮食作物长得不好，但当归等草药长势很好。根据邻村的经验，5 公斤就能收入 120 元，现在村里已经有 73 户村民种了草药。在村委会主任牛富德的带领下，作干村通过试种草药，探寻产业脱贫发展途径。

有的农户考虑到作干村的养殖优势，开展了牧草的种植。2016 年，长期在外打工的村民张长江回到村里，承包了 50 亩荒地试种燕麦草，初夏收获了 47 吨青储饲料，收入近 3 万元。

五 种植业生产特点

作干村各类作物的生产季节大致相同，都为每年的 4~9 月，4 月播种、9 月收割。4 月和 9 月是作干村春种秋收最忙碌的时候。每家每年均需要 2~4 个月的时间用于农作物种植，农闲时期则为 8~10 个月。主要的农活是耕地、除草和收割等，不进行灌溉。

根据入户调查，作干村农户从事农业生产的天数，平均在 126 天左右（为 60 户农户第一劳动力和第二劳动力的务农天数总和，通常第一劳动力为男人，第二劳动力为女人），贫困户为 131 天，非贫困户为 122 天，相差很小。第一劳动力的务农时间，贫困户与非贫困户平均分别为 68 天和 60 天，而第二劳动力则分别为 30 天和 63 天；很明显，非贫困户由于外出务工的更多，第二劳动力所承担的农活负担更重。

作干村农业劳动强度较大；不过自 2005 年青海省实施农机购置补贴政策以来，农机具拥有率和受益农户迅速增加，大大减轻了劳动强度。目前，作干村每家每户都有至少一台手扶拖拉机，耕地和收割等都在农机具的协助下完成，提高了土地产出率，减轻了劳动强度，进一步解放了农村劳动力。

作干村的种植业受灾较为频繁。据村民介绍，作干村有部分农田处于冰雹带上，受到雹灾袭击的频率很高，对村民的生产生活有着较大的影响。2016 年，有 85% 以上的被调查农户受到了雹灾影响。受到天气灾害的影响，农作物收成损失了一半左右，户均损失在 1000 元左右。

由于一些农户外出务工，无暇顾及自家的农田，有的农户会出一定的租金租种同村其他村民的土地。有一家农户，家里的耕地是 12.2 亩，租了其他村民 2 亩多的土地耕种，共种植了 6 亩小麦、4 亩蚕豆、3 亩油菜、1 亩马铃薯，租金很低，1 亩只有 100 元左右。由于他的种植面积较大，出售了一部分农产品，有了一定的种植收入。

第二节 退耕还林还草

退耕还林还草是西部大开发战略的一项重要内容。青海省退耕还林工程自 2000 年开始实施，共经历了四个阶段。第一阶段 2000~2001 年为试点阶段，2002~2006 年进入第二阶段的全面启动，第三阶段 2007~2015 年为成果巩固阶段，工程范围和力度进一步扩大，涉及全省 44 个县（市、区、场）、327 个乡镇、3911 个行政村，29.62 万农户、135.5 万农牧民。2000~2015 年，青海省实施退耕还林还草 290 万亩（还林 261 万亩，还草 29 万亩）。自 2016 年起，青海省启动了新一轮退耕还林工程，实施规模为 30 万亩，退耕还林地严格定在 25 度以上非基本农田坡耕地、严重沙化耕地和重要水源地 15~25 度坡耕地。在 5 年的时间里，国家的还林补助为 1500 元 / 亩、还草补助为 800 元 / 亩；

退耕还林后，由县级以上人民政府依法确权变更登记，发放林权证。

退耕还林还草工程有效改善了当地的生态环境。通过减少陡坡耕地、增加林草地，提高植被覆盖率，控制水土流失，增加植被的水源涵养能力，改善其余农业耕地的生产环境。在青海省东部干旱山区，退耕还林还草工程已经开始呈现显著的生态效益，十几年前的荒山已覆盖了绿色的植被。数百年来"越穷越垦、越垦越穷"的局面有所改变。

退耕还林还草补助一直是贫困地区农民的主要收入来源之一，具有一定的扶贫效果。2000~2015年，全省累计向退耕还林户发放粮食补助资金、生活补助资金和巩固成果直补资金50多亿元。据统计，全省退耕户年人均收入2504元，其中退耕补助578元，占人均收入的比重达23%。[1] 对于退耕还林工程补助到期的农牧民，青海省还制定和实施了巩固退耕还林成果政策，包括基本口粮田建设、农村能源建设、后续产业发展、技术技能培训和补植补造等优惠政策，以退耕还林集中区为重点，重点覆盖退耕农户，为退耕户今后的产业发展和脱贫提供了条件。自2016年起，国家执行新的退耕还林政策，对退耕还林每亩补助1500元，第一年800元（其中种苗造林费300元）、第三年300元、第五年400元；对退耕还草每亩补助800元，第一年500元（其中种苗种草费120元）、第三年

精准扶贫精准脱贫百村调研·作干村卷

---

[1] 杰拉：《回首退耕还林15年》，《青海日报》2015年9月25日。

300 元。

在退耕还林还草的基础上发展种植业和养殖业，能够促进农村农业的发展，带动当地农牧民增加收入。2009~2014 年，青海省利用国家和省资金，在退耕地中开展沙棘、枸杞、核桃、大果樱桃、树莓、黄果、山杏等生态经济林建设，推动了退耕还林后续产业发展，使农户能够从中受益，一些以退耕还林还草为基础的种养殖企业和深加工企业，也带动了周边农牧民群众脱贫致富，大大增加了农户收入。另外，实施退耕还林工程后，土地贫瘠、广种薄收的坡耕地减少，农民增加了对剩余耕地的投入和机械化作业强度，提高了单位面积产量。

退耕还林还草工程还释放了一部分劳动力。耕地退出来后，农民有了国家发放的粮食和资金补助，可以腾出精力发展副业和外出务工，增加收入。

互助县被称为青海省"退耕还林第一县"。互助县山多、沟深，土地贫瘠，水土流失严重。从 2000 年开始，该县先后在 19 个乡镇、147 个村、3.6 万户农家实施退耕还林工程 42.518 万亩，其中，退耕造林 15.52 万亩，荒山造林 24.5 万亩，封山育林 2.5 万亩。如今，沟壑纵横的荒山秃岭披上了绿装，水土流失得到遏制，农业基础条件得到改善，粮食亩产增加到了 400 多公斤。流域内初步形成了乔、灌、草相结合的坡面生态防护体系，森林覆盖率提高到 32.2%，比 2000 年前提高了 25.6 个百分点。项目区每年有万名劳动力外出打工，农民人均收入比 10 年前增长了5倍多。

作干村的耕地主要为脑山坡地,90%以上的耕地坡度在25度以上。根据国务院于2014年批准的《新一轮退耕还林还草总体方案》,25度以上坡耕地是属于具备退耕还林还草条件的坡耕地。2016年,全村有近300亩闲置抛荒耕地(坡度均在25度以上),部分已被列入退耕还林还草计划。退耕还林还草的实施,将显著改变作干村"五耕一林二草"的土地利用现状,同时对作干村村民的生产生活方式产生显著的影响。

作干村旧一轮的退耕还林还草建设在2005年才开始正式实施,2006年即完成任务。共退耕207.3亩,涉及68家农户。2016年实施了新一轮退耕还林还草工程,共涉及作干村全部3个社、38户农户、114.33亩坡耕地,2016年补助标准为每亩500元,共补助现金57165元。平均每户补助资金达到1504元。其中一半(19户)为贫困户,补助资金达到28575元,涉及角上湾和干家湾的28处地块(见表3-1)。

表3-1　作干村2016年新一轮退耕还林还草补助资金发放情况

地点	村社	涉及户数 (户)	退耕面积 (亩)	合格面积 (亩)	补助标准 (元/亩)	补助金额 (元)
角上湾	作干村一社	17	60.88	60.88	500	30440
干家湾	作干村二社	8	12.9	12.9	500	6450
角上湾和干家湾	作干村三社	13	40.55	40.55	500	20275
合计	—	38	114.33	114.33	500	57165
其中贫困户		19	57.15	57.15	500	28575

退耕还林还草工程的实施向贫困地区倾斜，是我国生态保护脱贫的模式创新，使处于水系源头或生态保护区的贫困人口获得了更多的生态补偿，增加了一种稳定的收入来源，腾出了更多的外出务工劳动力，改善了当地的生态环境和农业生产条件，显著增加了当地贫困人口的收入。不过，这种模式需要大量的财政转移支付，其可持续性存疑，比如新一轮的退耕还林补助分三年提供，未来的实施力度和范围如何还存在不确定性，这对生态保护脱贫的可持续性提出了挑战。

第三节　养殖业

互助县是青海省规模养殖和特色养殖大县，近年来养殖数量逐年增加，以生猪生产、牛羊育肥、奶牛养殖、雏鸡贩育和葱花土鸡等特种养殖为主导。肉牛养殖在互助县的发展才十几年的时间，肉牛育肥成为农民增加收入的一个重要途径。不过，互助县的肉牛养殖水平还较低。在规模上，主要是一家一户的分散养殖，设备简单。在技术与管理上，多采用架子牛进行育肥，缺乏科学规范的饲养与管理技术，饲料单一、搭配不合理，出栏周期较长。

葱花土鸡是互助县唯一的地方良种鸡品种，在互助县地域内独特的自然条件和饲养条件下，经长期的自然选择和饲养驯化形成，与国内外标准品种和地方品种相比，是一种比较原始的鸡种。它适应高寒半农半牧区独特的生态环境和饲养条件。互助葱花土鸡具有耐粗饲、适应性、抗病力强等特点，以肉质鲜美、口感好等优势，受到越来越多城里人的青睐，市场销路较好。

互助县也是藏系羊的适合养殖区。藏系羊是我国三大原始绵羊品种之一，具有抗严寒、耐粗饲、适应高海拔、体质强壮、行动敏捷、善于爬高走远的特点，青海是主要产区。

作干村位于脑山地区，具有畜牧业发展的有利条件。第一，作干村农户一般有 8~10 个月的农闲时间，可以用于发展养殖业。第二，作干村有近四成的外出务工人员务工时间在 3 个月以下，有两成多的务工时间在 3~6 个月。这一部分劳动力在不打零工的时候，可以为家庭发展养殖提供劳动力。第三，有一定的牧草资源。该村每年近 300亩左右的土地被抛荒闲置，退耕还林还草的土地面积也达到了 200 亩左右，以后林草地面积还有可能继续增加，这为村里发展养殖提供了一定的牧草种植面积，饲草资源比较丰富。第四，作干村村民一直以来有养猪、养鸡的习惯，从事畜牧业养殖、实现脱贫致富的积极性高，养殖户积累了较为丰富的经验，暖棚养畜等畜牧业实用技术的推广应用也为其提供了一定的条件。

发展养殖能够显著增加农户的家庭收入。有一户农户为非贫困户家庭，2016 年出栏销售了 35 头牛，存栏量还

有 20 多头。据他所述，一头肉牛的养殖成本大约是 4000
元，销售收入平均为 8800 元。2016 年，该农户的养殖
销售收入达到了 30.8 万元，除去养殖成本 14 万元，养
殖净收入为 16.8 万元。养殖使这个家庭的收入大大增
加。该户也是被调研家庭中存款最多的农户，达到了 10
万元。这家农户有 4 人，夫妻均为 "80 后"，1 儿 1 女
分别上初中和小学。夫妻 2 人中，妻子有不太严重的心
脏疾病，但两人都是有完全能力的劳动力，夫妻 2 人每
年专心养殖，经营生活，对家庭生活非常满意，感到非
常幸福。

另外一户农户为 5 口之家。2016 年该农户响应国家
政策，与本家侄子等人成立了一个养殖合作社，计划在一
起增加养殖规模，共同分担养殖工作、分享销售收入，但
是后来合作者忙于其他事情，因此只能让丈夫放弃在外务
工，回乡一起养殖。2016 年，以合作社的名义出售了 13
头，自己单独出售了 6 头，共出售了 19 头牛，出售价格
分三档，分别为 7000 元 / 头、9000 元 / 头和 10000 元 /
头，平均为 7500 元 / 头。饲料成本为 3000~3500 元 / 头。
2016 年，该农户的养殖收入为 142500 元，成本为 85500
元，净收入为 57000 元。虽然 2016 年的养殖效益低于
预期，但女主人还是很看好家庭发展养殖业的前景。她
认为自己家庭的生活比 5 年前好了很多，对现状是非常
满意的。

不过，从全村客观情况来看，作干村的养殖业发展还
是比较滞后的。大部分家庭只养殖一两头年猪和少量土鸡

自用，还有一些家庭从事羊的养殖，规模很小，收入不
多。今后，养殖业有潜力成为作干村增加农户经济收入的
重要途径之一。在退耕还林还草工程和精准扶贫精准脱贫
的推动下，养殖业发展为产业扶贫脱贫的一个重要内容，
作干村在牧草供应、技术支撑、品牌和市场培育等方面，
得到了畜牧局和扶贫局等相关部门的大力支持。未来作干
村的养殖业将获得更多的后续发展动力。

近年来，在国家大力支持下，作干村正在努力提高养
殖业发展的规模和管理水平。2016 年 9 月，作干村成立
了农民养殖专业合作社，目前有 5 家农户入社，主营业务
为肉牛育肥，总资产为 20 万元。不过，养殖合作社还属
于一种较为松散的组织形式，需要形成公平合作、利益分
享、风险共担等合作机制，在这方面需要做很多工作。

第四节 土地承包

土地承包制度对于一个村庄的农业生产来说是至关
重要的，决定了当地农业生产的特点、规模效益和产出
效益。

作干村第一轮土地承包与全国大部分地区相同，也是
在 1983 年，承包期为 15 年。第二轮土地承包起始于 1997
年，承包期延长为 30 年，至 2026 年 12 月 31 日止。第二

轮土地承包至今没有进行系统的土地调整；分包到户的家庭耕地面积，除了分家、出嫁等原因造成的变化，基本上保持稳定。至 2016 年，作干村未被国家征用耕地，农户和村集体亦未对外流转耕地和山林地面积，没有对外出租耕地面积。

2005 年以来，国家退耕还林还草工程的实施使作干村的土地利用发生了一定的变化，主要是耕地面积有所减少、林草面积有所增加。作干村先后经历了两次退耕还林还草工程的实施。第一次是在 2005 年，全村共退耕 207.3 亩，涉及 68 家农户，平均每户涉及耕地 3 亩左右。2016 年，作干村正式启动了退耕还林工作，该工程涉及作干村全村 3 个社、38 户农户、位于千家湾和角上湾 28 处地块的 114.33 亩坡耕地，平均每户退耕 3 亩。

2014 年，互助县被确定为全省开展农村土地承包经营权确权登记颁证整县推进的试点县之一；两年后即 2016 年，作干村进行了土地确权的相应工作，根据无人机勘测的结果，对每家每户的耕地面积进行了重新确定。有的农户家庭的耕地面积有了较大幅度的变化，比如农户林占财一家，根据他的描述，他家原来的耕地为 14 亩多，经无人机测量后被修正到了 18 亩；有的农户家庭则仅有较小幅度的变化，变化幅度在增减几分地的范围内。新一轮的土地确权工作增加了承包土地管理的精准度、透明度和公平性。2017 年初，互助县林川乡等三个乡镇农村土地承包经营权证书发放工作有序推进，作干村农户已全部领到政府统一印制的农村土地承包经营权证书。

经营权证书上标明了农户所承包地块的信息和地块图。农户可在互助县县、乡两级联网的土地确权数据平台系统查询相关信息。

总体上，作干村至今仍保持着以种植业为主的土地利用方式。目前，作干村的土地资源及利用情况如下：全村共有耕地面积1689亩，人均3.4亩。林地面积340亩，牧草地面积690亩，农用地中属于农户自留地的面积为120亩。全村有闲置抛荒耕地262亩左右，约占全村耕地面积的16%，主要原因是劳动力外出、农业产出太低和种植成本相对过高（见表3-2）。

表3-2 作干村2016年土地资源及利用情况

项目	数量	项目	数量
耕地面积（亩）（无有效灌溉面积）	1689	2016年底土地确权登记发证面积（亩）	—
园地面积（亩，包括桑园、果园、茶园等）	—	全年国家征用耕地面积（亩）	—
林地面积（亩）	340	农户对外流转耕地面积（亩）	—
其中：退耕还林面积（亩）	230	农户对外流山林地面积（亩）	—
牧草地面积（亩）	690	参与耕地林地等流转农户数（户）	—
畜禽饲养地面积（亩）	—	村集体对外出租耕地面积（亩）	—
养殖水面（亩）	—	村集体对外出租山林地面积（亩）	—
农用地中属于农户自留地的面积（亩）	120	本村土地流转平均租金（元/亩）	—
未发包集体耕地面积（亩）	—	本村林地流转平均租金（元/亩）	—
第二轮土地承包期内土地调整次数（次）	—	全村闲置抛荒耕地面积（亩）	262
第二轮土地承包期内土地调整面积（亩）	—	抛荒原因	劳动力外出、产出太低、成本太高

第五节　粮食直补

　　粮食直补是国家为促进粮食生产、调动农民种粮积极性和增加农民收入，由财政按一定的补贴标准和粮食实际种植面积对农户直接给予的补贴。从 2004 年起，粮食直补资金在全国范围内实行，一般和农资综合补贴资金一起发放。粮食直补政策调动了农民的积极性，为农民备耕春播提供了直接的支持。作干村也是自同年起开始受益于粮食直补政策。每亩地的补助金额从起初的每亩 4 元，逐渐增加到 6 元、8 元、10 多元、30 多元、40 多元，几乎每年都有不同幅度的增加，2016 年已经达到了每亩 90.39 元。每个农户每年接受粮食直补的面积基本保持稳定，2016 年全村获得粮食直补的面积共为 1711.45 亩，补助金额为 154698 元，平均每户有 1218 元，占全村家庭平均纯收入的 4%。

第六节　农业产业发展与扶贫脱贫

　　习近平总书记提出，培育产业是推动脱贫攻坚的根本出路。对于贫困的农业地区，需要因地制宜，把当地多样化的资源优势逐渐转化为产业优势和经济优势，从而增加贫困农民收入。作干村作为脑山地区的一个贫困村庄，并不拥有进一步发展种植业的资源优势。作干村的土地资源利用现状为"五分耕地、一分林地和两分草地"，耕地面积 1689 亩，人均耕地 3.4 亩，但全部是旱地，无畜禽饲养地和养殖水面，且气候冷凉，土壤较为贫瘠，频繁受到冰雹与旱灾危害，发展种植业的优势很小。

不过，作干村具有发展养殖业的资源优势：作干村村民的农闲时间有 8~10 个月，很大一部分劳动力可在不打零工的时候，为家庭发展养殖提供劳动力。作干村有一定的牧草资源，今后还有可能增加。

目前，国家发展养殖业的产业扶贫政策力度加大，产业脱贫扶持精准度也进一步提高。青海省在充分尊重贫困群众发展愿望和自主选择项目的基础上，采取"一村一策""一户一法"，以实施到户、扶持到人的方式，对有劳动能力和生产发展愿望的贫困人口重点扶持发展特色养殖。对有劳动能力、有发展愿望，但没有经营能力或产业选择较难的贫困人口，通过龙头企业、专业合作社等各类新型经营主体带动方式，将财政专项扶贫资金和其他涉农资金投入形成的资产，折股量化给贫困村和贫困户。鼓励贫困户以订单生产、务工方式参与产业发展。支持贫困户将土地、草场等生产资料折股量化到产业扶贫项目，增加财产性收入。为贫困户发展产业提供基准利率、免抵押、免担保的小额信贷支持。通过建立贫困村互助资金，优先确保贫困户借款，支持发展到户生产性项目。允许到村扶贫互助资金作为担保资金，撬动金融机构贷款，放大资金规模，提高资金使用效率。自 2016 年开始，这些产业扶贫的扶持政策在作干村都有了一定程度的落实，对培养农户的种养业起到了一定的积极作用。

第四章

家庭收入与支出

家庭收入与支出是考察村民家庭和个人经济活动、生活水平和生活质量的一个重要的衡量指标。本章主要探讨作干村贫困户、非贫困户和全村村民的家庭收入与支出情况，从而更好地了解作干村的贫困情况、致贫原因、脱贫路径和发展方向。

第一节　家庭收入

一　青海省农村居民收入及其演变

了解青海省农牧民家庭收入及其变化趋势，可以为我们弥补本次调研只局限于作干村 2016 年情况的不足，从而对实行家庭联产承包责任制以来作干村家庭收入的演变情况有大致的认识。

与全国大部分村庄一样，在家庭联产承包责任制以前，作干村由生产队承担了农业生产与收入分配的职能；农户的家庭收入主要来自集体的分配。这一阶段，作干村的粮食收入及国家针对救济粮的补助是村庄农户收入的主要来源。

80 年代初期，家庭联产承包责任制实施以后，农户家庭的收入水平逐年增加。根据青海省农村居民收入统计数据和相关学者的研究[①]，农村居民收入增长大致分为三个阶段：1985~2000 年是第一阶段，2001~2010 年是第二阶段，2011 年以来是第三阶段。第二阶段的收入增长率略高于第二阶段，第三阶段又高于第二阶段。自 2011 年以来，农村居民可支配收入有了明显的增加，2016 年相比 2010 年的名义增长率达到了 124%。

[①] 苑尔芯、彭必源：《改革开放以来青海省农村居民收入状况分析》，《科技信息》2010 年第 15 期。

表 4-1　青海农村居民纯收入及构成

单位：元

年份	农村居民人均年纯收入	工资性收入	家庭经营纯收入	财产性收入	转移性收入
1985	343	50	260	24	9
1990	560	73	449	20	18
1995	1030	97	908	3	22
2000	1490	312	1120	25	34
2005	2165	561	1428	40	135
2010	3863	1270	1973	121	499
2011	4608	1775	2089	94	651
2012	5364	1990	2222	95	1058
2013*	6196	2347	2570	166	1113
2014	7282	2041	3021	288	1932
2015	7933	2235	3058	326	2314
2016	8664	2464	3197	325	2678

注："*"表示 2013 年以后（含 2013 年），统计口径为人均可支配收入。

资料来源：2005 年及以前数据来源于苑尔芯、彭必源《改革开放以来青海省农村居民收入状况分析》，《科技信息》2010 年第 15 期；其他数据来源于中国历年统计年鉴；均为当年价格。

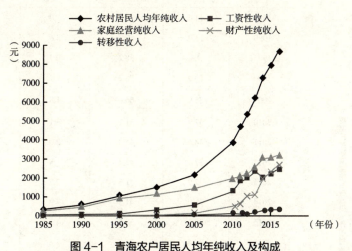

图 4-1　青海农户居民人均年纯收入及构成

注："*"表示 2013 年以后（含 2013 年），统计口径为人均可支配收入。

资料来源：2005 年及以前数据来源于苑尔芯、彭必源《改革开放以来青海省农村居民收入状况分析》，《科技信息》2010 年第 15 期；其他数据来源于中国历年统计年鉴；均为当年价格。

80 年代初期家庭联产承包责任制实施以后，农村居民收入构成也发生了显著的变化。农户家庭的收入主要来源于家庭生产与经营活动，收入数量和构成与农户规模、承包土地面积、经营管理程度和农业生产品种有关。90 年代以来，农户收入中家庭经营收入的比重逐年下降，工资性收入和转移性收入比重增加，财产性收入的比重基本稳定。究其原因，经营性收入比重下降，是由于来自农村居民家庭经营的第二、三产业收入比例小，土地资源的限制，粮油禽畜产量增加幅度小，第一产业收入短期内难以大幅度增加。工资性收入比重增加，则与农牧民外出务工、劳务输出和技能提高有关，在国家和政府各种技能培

表4-2 青海农村居民人均纯收入构成比重

单位：%

年份	工资性收入	家庭经营纯收入	财产性收入	转移性收入
1985	14.6	75.8	7.0	2.6
1990	13.0	80.2	3.6	3.2
1995	9.4	88.2	0.3	2.1
2000	20.9	75.2	1.7	2.3
2005	25.9	66.0	1.8	6.2
2010	32.9	51.1	3.1	12.9
2011	38.5	45.3	2.0	14.1
2012	37.1	41.4	1.8	19.7
2013	37.9	41.5	2.7	18.0
2014	28.0	41.5	4.0	26.5
2015	28.2	38.5	4.1	29.2
2016	28.4	36.9	3.8	30.9

注："*"表示 2013 年以后（含 2013 年），统计口径为人均可支配收入。

资料来源：2005 年及以前数据来源于苑尔芯、彭必源《改革开放以来青海省农村居民收入状况分析》，《科技信息》2010 年第 15 期；其他来源于中国历年统计年鉴；按当年价格计。

图4-2　青海农村居民纯收入构成比重

注：“*”表示2013年以后（含2013年），统计口径为人均可支配收入。

资料来源：2005年及以前数据来源于苑尔芯、彭必源《改革开放以来青海省农村居民收入状况分析》，《科技信息》2010年第15期；其他来源于中国历年统计年鉴；按当年价格计。

训、劳务输出管理措施的促进下，农牧民工资性收入得到了稳步增长。转移性收入大幅度增加，则主要是因为农牧民受益于粮食直接补贴的兑现、农村居民养老补助发放、新农村建设快速发展、土地征用补偿收入增加等。

　　在家庭联产承包责任制实施以后的大环境下，20世纪80年代以来青海省农村居民收入规模和比重的总体变化情况，在一定程度上也代表了作干村农户家庭收入变化的特点和趋势。

二　2016年作干村农户家庭收入情况

　　家庭收入调研是反映农户家庭经济状况的一个重要方式。在做入户调查时，调查人员发现了一个有趣的现象，即贫困户和非贫困户都有把家庭收入报少的倾向。第一，贫困户在汇报本人家庭所获得的各类低保、扶贫、农业发展和生态保护资助时，所提供的数据往往不太明晰，有的家庭还有所遗漏，所汇报的金额常常小于村里实际发放的金额。第二，非贫困户在汇报家庭成员收入时，存在少报外出务工收入或只报年底带回家的收入的情况，并非务工人员的全部收入。对于第一种情况，在数据后期检查时，调研人员根据村县提供的数据，对每户被调查农户的各类低保、扶贫、农业发展和生态保护资助等信息进行了修正。对于第二种情况，则尽可能了解外出务工的劳动力人数、务工时间和务工收入，并利用当地务工人员的基本收入情况进行对比和核查，并通过后期电话再次核实的方式确定。通过这两种办法，显著减少了入户收入调查中的误差。

在统计农户家庭收入时，收集了农户工资性收入、农业经营纯收入（即经营收入减去经营支出）、农业非经营纯收入、财产性收入、赡养性收入、礼金收入、各类国家补助资金（如残疾补助、养老金、低保金收入、粮食直补、退耕还林还草补助）等数据。另外还统计了报销医疗费用，不过该费用未纳入农户家庭收入中。在计算来自国家的补助资金等转移性收入时，未计入报销医药费。

（一）典型农户的家庭收入情况

选择家庭收入为中等的一个贫困户家庭和一个非贫困户家庭进行典型农户的家庭收入情况分析，分别为王某家和王某某家。

1. 贫困户王某家 2016 年家庭收入情况

王某家有 3 口人，分别为户主本人、妻子和儿子；户主与妻子长期患病，属于因病致贫的建档立卡贫困户，也是低保户。王某家拥有耕地 13.35 亩，人均耕地为 4.45 亩。2016 年，王某家纯收入为 21167 元，其中，工资性收入为 7000 元，为户主儿子在外面学手艺所获得的少量报酬。农业经营收入为 9210 元，扣除经营支出 2150 元，农业经营纯收入为 7060 元。低保金收入为每人 400 元，共 1200 元。赡养性收入为 2500 元。收到粮食直补 1206.7 元，退耕还林补助费 2200 元。无财产性收入、养老金收入和礼金收入。全年报销医疗费 6000 元。

王某家的家庭经营收入主要来自作物种植和年猪养殖，无第三产业等其他产业收入来源。种植面积中，小麦面积最大，接近一半左右，其余为油菜籽、蚕豆和马铃薯，收获主要为家庭自用；经营收入中，一半左右来自 1 亩地的中药材种植，不过药材种植也相应增加了他家的经营支出。

王某家的家庭收入结构中，工资性收入为 7000 元，占家庭经营纯收入的 26%，农业经营纯收入为 7060 元，占 26%，财产性收入为零，转移性收入占 48%。由此可见，在这个家庭中，收入来源主要有三个，其中工资性收入和农业经营纯收入均约占 1/4，而转移性收入约占一半。该农户的生活和家庭收入严重依赖于政府的各类扶助措施。

表 4-3　2016 年作干村典型贫困农户（王某）家庭经营收入

项目	小计	小麦	油菜籽	马铃薯	蚕豆	药材	年猪（头）
平均单产（公斤/亩）	—	100	100	1000	150		—
数量（亩）	—	6	2	0.5	2	1	1
农业经营收入（元）	9210	1440	720	375	1080	4595	1000
农业经营支出（元）	2150						
农业经营纯收入（元）	7060						

注：①计算收入时，农产品收入按市场价格的 9 折计算，分别为小麦 1.5 元/公斤、油菜籽 3.6 元/公斤、马铃薯 0.75 元/公斤、蚕豆 3.6 元/公斤、鸡 50 元/公斤、猪 1000 元/只、羊 600 元/只、牛 12000 元/只、牧草 270 元/亩。②各农户农作物产量由于受到雹灾的影响普遍减少了一半左右，亩产量平均为小麦 100 公斤/亩、油菜 100 公斤/亩、蚕豆 150 公斤/亩、马铃薯 1000 公斤/亩。

2. 非贫困户王某某家 2016 年家庭收入情况

非贫困户（户主为王某某），家有 4 口人，分别为户主本人、妻子、儿子和儿媳；户主的儿子和儿媳有轻微残疾，不过病情不严重，不影响劳动能力；儿媳一年的医药费在 2000 元左右，没有对家庭造成沉重负担。王某某家拥有耕地 10.3 亩，人均耕地约为 2.6 亩。2016 年，王某某家纯收入为 40485 元，其中，工资性收入为 30000 元，为户主及妻子在外务工的报酬。农业经营收入为 7370 元，扣除经营支出 855 元，农业经营纯收入为 6515 元。粮食直补 970 元。无财产性收入、养老金收入和礼金收入。全年未报销医疗费。

王某某家的家庭经营收入主要来自作物种植、猪及鸡养殖，无第三产业等其他收入来源。种植面积中有一部分是别人家的耕地，小麦面积最大，其余为油菜籽、蚕豆和马铃薯，收获主要为家庭自用。

表4-4 2016年作干村非贫困典型农户（王某某）家庭经营收入

收入来源	小计	小麦	油菜籽	马铃薯	蚕豆	养殖（猪羊）
平均单产（公斤／亩）	—	100	90	900		
数量（亩）	—	6	2	1	—	—
农业经营收入（元）	7370	1350	680	640	—	4700
农业经营支出（元）	855					
农业经营纯收入（元）	6515					

表4-5 2016年作干村典型农户家庭收入情况

项目	贫困户 王某	非贫困户 王某某
1. 家庭人口（人）	3	4
2. 耕地总／人均面积（亩）	13.35/4.4	10.3/3.4
3. 工资性收入（元）	7000	30000
4. 农业经营收入（元）	9210	7370
5. 农业经营支出（元）	−2150	−855
6. 农业非经营收入（元）	0	0
7. 农业非经营支出（元）	0	0
8. 财产性收入（元）	0	0
9. 赡养性收入（元）	2500	—
10. 残疾（元）	—	3000
11. 养老金（元）	0	0
12. 礼金收入（元）	0	0
13. 补贴性收入（元）（13.1+13.2+13.3）	4607	970
13.1 低保金收入（元）	1200	0
13.2 粮食直补（元）	1207	970
13.3 退耕还林还草（元）	2200	0
14. 报销医疗费（元）	6000	0
15. 2016年家庭纯收入（3~13项的合计）（元／户）	21167	40485
15.1 其中来自国家的转移性收入（元／户）（10+11+12+13）	4607	3970
16. 2016年人均纯收入（元）	7056	10121
17. 2016年人均纯收入（不含来自国家的转移性收入）（元）	5520	9129

（二）样本户的家庭收入情况

本次调查抽取了 30 户贫困家庭与 30 户非贫困家庭，共涉及人口 241 人，平均家庭人口规模为 4 人。以下为 30 户贫困户、30 户非贫困户和 60 户样本户的家庭收入情况。

1. 30 户贫困户家庭收入情况

30 户贫困户共有 120 人，家庭人均规模为 4 人。2016 年，30 户贫困家庭户均纯收入为 20400 元，其中工资性收入 10703 元，农业经营收入 5810 元，农业经营支出 1960 元，赡养性收入 283 元，残疾人补助 80 元，雨露计划资助 60 元，养老金 941 元，礼金收入 256 元，补贴性收入（包括低保金、粮食直补和退耕还林还草补贴）4227 元，报销医疗费 4797 元（未计入）。家庭纯收入中，转移性收入达到了 5847 元，占家庭纯收入的 29%，其中 90% 来自国家的转移性收入。

2. 30 户非贫困户家庭收入情况

30 户非贫困户共有 121 人，家庭人均规模为 4 人。2016 年，30 户非贫困家庭户均纯收入为 40087 元，其中工资性收入 24552 元，农业经营收入 24177 元，农业经营支出 11288 元，残疾人补助 173 元，五保户补助 159 元，雨露计划资助 167 元，养老金 439 元，礼金收入 640 元，补贴性收入（包括低保金和粮食直补）1068 元；报销医疗费 1160 元（未计入）。家庭纯收入中，转移性收入为 2646 元，占家庭纯收入的 7%，其中 76% 来自国家的转移性收入。

3. 60户样本家庭收入情况

60户家庭共有人口241人，家庭人均规模为4人，贫困户与非贫困户家庭规模相同。2016年，60户家庭总收入达到了181.5万元。60户家庭户均纯收入为30243元，其中工资性收入17627元，农业经营收入14994元，农业经营支出6624元，赡养收入142元（共8500元），残疾人补助125元（共7600元），五保户补助80元（共4770元），"雨露计划"资助113元（共6800元），养老金690元，礼金收入448元，补贴性收入（包括低保金、粮食直补和退耕还林还草补贴）2648元；报销医疗费2979元（未计入）。家庭纯收入中，转移性收入为4246元，占家庭纯收入的14%，其中88%来自国家的转移性收入。

（三）全村家庭收入估算

利用建档立卡贫困户与非贫困户的抽样调查结果，参考国家转移性收入实际发放的各类补助资金，推算村庄总体状况。

2016年，作干村共有127户家庭455人，其中71户为贫困家庭，贫困人口为253人；56户为非贫困家庭，人口为202人。2016年，全村家庭纯收入总计达到了369.3万元，其中贫困户家庭纯收入总计约为144.8万元，非贫困户家庭纯收入总计为约224.5万元。全村户均纯收入为28549元，其中工资性收入16810元，农业经营收入13909元，农业经营支出6073元，礼金收入425元，赡养收入 158 元，残疾人补助 387 元（共 49200 元），五保户补助 42 元（共 19092 元），"雨露计划"资助 15 元（共 6800 元），养老金 918 元（共 116540 元），补贴性收入（包括低保金、粮食直补和退耕还林还草补贴）1958 元；报销医疗费 3193 元（未计入）。家庭纯收入中，来自国家的转移性收入为 3320 元，占家庭纯收入的 11.7%。

（四）家庭收入分析

根据调研结果，作干村农户的家庭收入有如下特点。

第一，2016 年，全村家庭纯收入总计约为 369.3 万元，户均纯收入为 28549 元，人均纯收入（含来自国家的转移性收入）为 7969 元，低于全省 2016 年 8664 元的农民人均年纯收入的水平。总体上，作干村目前在青海省内仍是比较贫困的村庄。

第二，2016 年，全村人均纯收入（不含来自国家的转移性收入）为 7042 元。这一数据略高于当地精准扶贫时调查所得的数据。这可能存在几个方面的因素。首先，在收入调查过程中，村民的回答有可能与以往存在不一致的地方，这是一种普遍的现象，因为村民的经营收入、务工收入等有很多内容是需要估算的，存在一定的随机误差。其次，各次的收入调查有可能存在统计范围不同、口径不同的问题。作干村自身在调查收入时，采取的计算方法是家庭成员人均年收入 =（土地承包收入 + 劳务收入 + 其他收入）/ 共同生活的家庭人口数；入户调研则还考虑了农户自养的年猪、鸡、赡养收入等收入项。最后，调研户中有

表4-6 2016年作干村家庭收入统计及推算

单位：元

项目	30户贫困户	30户非贫困户	60户样本户	贫困户与非贫困户的比值	71户贫困户	56户非贫困户	全村
1.人口数（人）	120	121	241	0.99	253	202	455
2.家庭纯收入合计	612018	1202610	1814628	0.51	1448388	2244872	3693260
3.工资性收入	10703	24552	17627	0.44	10703	24552	16810
4.农业经营收入	5810	24177	14994	0.24	5810	24177	13909
5.农业经营支出	-1960	-11288	-6624	0.17	-1960	-11288	-6073
6.农业非经营收入	0	0	0	—	0	0	0
7.农业非经营支出	0	0	0	—	0	0	0
8.财产性收入	0	0	0	—	0	0	0
9.礼金收入	256	640	448	0.40	256	640	425
10.赡养性收入	283	0	142	—	283	0	158
11.残疾人补助	80	173	125	0.46	80	173	387
12.五保户补助	0	159	80	0.00	0	159	42
13.雨露计划资助	60	167	113	0.36	60	167	15
14.养老金	941	439	690	2.14	941	439	918

续表

项目	30户贫困户	30户非贫困户	60户样本户	贫困户与非贫困户的比值	71户贫困户	56户非贫困户	全村
15. 补贴性收入（15.1+15.2+15.3）	4227	1068	2648	2.55	3871	1518	1958
15.1 低保金收入	2370	80	1225	29.63	2370	80	291
15.2 粮食直补	1051	988	1020	1.06	1051	988	1217
15.3 退耕还林还草补贴	806	0	403	1.00	806	0	450
16. 报销医疗费	4797	1160	2979	4.14	4797	1160	3193
17. 2016年家庭纯收入（3~15项合计）	20400	40087	30243	0.51	20400	40087	28549
17.1 其中转移性收入	5847	2646	4246	2.21	5491	3096	3903
17.2 其中来自国家的转移性收入	5308	2006	3703	2.65	4952	2456	3320
18. 2016年人均纯收入	5100	9939	7541	0.51	5100	9939	7969
19. 2016年人均纯收入（不含来自国家的转移性收入）	3773	9442	6619	0.40	3773	9442	7042
20. 2016年人均转移性收入	1462	656	1057	2.23	1462	656	1090
21. 2016年人均国家转移性收入	1327	497	922	2.67	1327	497	927

注：①第10、11、12、13、14项据全村实际发放数据。②全村家庭纯收入总计有两种计算方法：第一种为据全村家庭纯收入总计据非贫困户分别按户均纯收入乘以各自的户数，再取其和，为369.3万元。第二种根据贫困户和非贫困户的人均纯收入加权计算，为362.6万元。二值相差占二值均值的0.91%，相差很小。二者差值主要体现在来自国家的转移性收入方面，全村实际发放的数值中到户调研户均低于到户调查数据加权计算的数值。最后取值按第一种，为369.3万元。③国家转移性收入等于第11、12、13、14、15项之和。④报销医药费收入及国家转移支付数据一律未统计。⑤全村的残疾人补助、"雨露计划"资助、养老金、补贴性收入（低保、粮食直补、退耕还林还草补贴）数据详见第七章表7-10 2016年村作干部国家救助情况一览表。

几个养殖大户，其家庭收入远远高于村里其他村民，拉高了村民人均收入的平均水平。

第三，2016年，30户被调研贫困家庭及全村贫困户人均纯收入，含国家转移收入为5100元，不含国家转移收入为3773元，后者略高于互助县制定的全县贫困户脱贫线（人均可支配收入）标准（2016年为3316元，2017年为3532元，2018年为3762元）。本次调研的统计方法和范围与当地人均可支配收入调查并非完全相同，因此二者之间并不存在完全一致的比较性。不过，全村人均纯收入接近该县贫困户脱贫线标准应该是比较合理的假设，这对于作干村真正完成2018年全村脱贫的目标是一个好的现象。当然，即使是3773元的人均纯收入水平，也依然处于较低的一个水平。

第四，全村户均获得来自国家的转移收入达到3320元，人均为927元，占家庭人均纯收入的11.7%。这个比

表4-7　2016年作干村样本户及全村人均纯收入构成

单位：元

单位	工资性收入	家庭经营纯收入	财产性纯收入	转移性收入	小计
30户贫困户	2676	963	0	1462	5100
30户非贫困户	6087	3196	0	656	9939
60户样本户	4388	2084	0	1057	7529
全村127户	4692	2187	0	1090	7969
青海省农牧民平均	2464	3197	325	2678	8664

例较高，与扶贫力度增加和社会保障加强是密不可分的。贫困户所获得的国家转移收入更高，户均达到了5308元，人均达到了1327元，而非贫困户则较低，户均为2006元，人均为497元。这一现象既有积极的意义，也有不良的影响。一方面，从2010年起，青海省农村居民的转移性收入一直呈现较大幅度增加的趋势，对于改善农民尤其是贫困农民的生活，起到了不可或缺的积极作用。但另一方面也说明，村民尤其是贫困村民对国家补助资金的依赖性很强。

第五，全村人均纯收入结构中，工资性收入、家庭经营纯收入、财产性收入和转移性收入分别为59%、27%、0%和14%；工资性收入所占比重最高，接近六成；家庭经营纯收入接近三成；转移性收入的比重接近两成。青海省2016年农民收入结构中，工资性收入、家庭经营纯收入、财产性收入和转移性收入分别为28%、

表4-8 2016年作干村样本户及全村人均纯收入比重

单位：%

单位	工资性收入	家庭经营纯收入	财产性收入	转移性收入	小计
30户贫困户	52	19	0	29	100
30户非贫困户	61	32	0	7	100
60户样本户	58	28	0	14	100
全村127户	59	27	0	14	100
青海省农民收入	28	37	4	31	100

37%、4% 和 31%；与青海省平均水平相比，作干村村民对外出务工收入的依赖性更强，在本地的经营收入更少，转移性收入比重也更低，且几乎没有财产性收入。

第六，村庄内部的收入差异。基尼系数能够反映村庄的内部收入差异。[①] 根据联合国有关组织规定，基尼系数为 0.2~0.3 表示收入比较平均。从个别样本来看，村民人均纯收入（含国家转移收入）最小值为 837 元，最大值为 42881 元；人均收入高的家庭主要依靠养殖业发展；个体之间的收入差距很大。但是总体上看，作干村 60 户家庭人均年纯收入（含国家转移收入）的基尼系数为 0.21；不含国家转移收入的基尼系数为 0.24。可以说，村民整体上的收入差异很小；国家各种类型的转移收入在一定程度上减小了村民的贫富差异。

第七，贫困户与非贫困户间存在显著的收入差异。2016 年，30 户被调研贫困户家庭的人均年收入为 5100 元（含国家转移收入）/3773 元（不含国家转移收入），而 30 户被调研非贫困家庭的人均年收入为 9939 元（含国家转移收入）/9442 元（不含国家转移收入）。可以直观地看出，贫困户的人均收入大约只有非贫困户的 50%（含国家转移收入）和 40%（不含国家转移收入）左右，存在相当大的差异。

---

① 赵国锋、李建民：《村庄内部收入差异及农民认识——基于江、浙、冀、赣、川五省的情况调查分析》，《经济与管理》2007 年第 2 期。

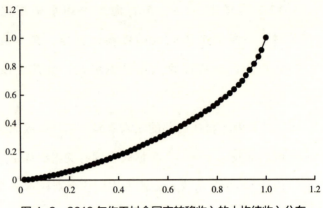

图 4-3　2016 年作干村含国家转移收入的人均纯收入分布

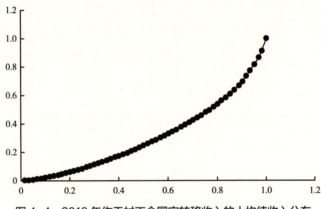

图 4-4　2016 年作干村不含国家转移收入的人均纯收入分布

　　利用 Excel 对作干村 60 户家庭人均年纯收入（含国家转移收入和不含国家转移收入）进行差异分析，发现两者存在统计学意义上的显著性差异。两组单因素方差分析结果表明，不论是否包括国家转移收入，作干村的贫困户与非贫困户家庭的人均纯收入在 0.01 显著性水平下明显不同。一方面，说明作干村确实存在贫困户与非贫困户之间的收入差异，另一方面，说明作干村开展的精准扶贫工作，确实达到了精准识别的要求。而国家的各项扶贫脱贫的转移性收入，也实实在在地增加了贫困户的收入，减小了贫困户与非贫困户之间的收入差异。

表4-9　2016年作干村60户家庭人均年纯收入的单因素方差分析

观测数：30户贫困户和30户非贫困户（含国家转移收入）						
差异源	SS	df	MS	F	P-value	F crit
组间	4.42E+08	1	4.42E+08	10.68424	0.001819	4.006873
组内	2.4E+09	58	41336479			
总计	2.84E+09	59				

观测数：30户贫困户和30户非贫困户（不含国家转移收入）						
差异源	SS	df	MS	F	P-value	F crit
组间	5.06E+08	1	5.06E+08	12.17554	0.000932	4.006873
组内	2.41E+09	58	41578036			
总计	2917761108	59				

第二节　农户家庭支出

农户家庭支出主要分为生产经营费用支出和生活消费支出两大部分。

一　生产经营费用支出

生产经营费用支出在家庭收入计算中已进行了简单统计和估算。生产费用支出包括家庭经营费用支出、固定资产折旧以及各种税费等。由于国家减轻农民税费负担政策的实施，农业税费支出为零；家庭经营费用支出所占比重最大。

作干村农户家庭的生产经营支出主要涉及种植养殖等第一产业，基本没有第二和第三产业的生产经营支出。2016 年，作干村 30 户贫困户的生产费用支出平均为 1960 元／户，其中每亩农田的化肥、农药等物资投入为 80~100 元；拖拉机等农业机械的固定资产折旧及油费约为每台 800~1000 元。30 户非贫困户的生产费用支出平均为 11288 元／户，除农田的化肥、农药等物资投入、拖拉机固定资产折旧及油费等，还有一些农户开展养殖业的饲料与牛犊羊羔等生产投入。加权平均后，全村 127 户家庭的生产费用支出平均为 6073 元／户；几个较大规模养殖户的经营支出明显提高了作干村经营支出的水平。

二 生活消费支出

（一）青海省农村居民生活消费支出

生活消费支出是农户家庭另一项重要的支出内容。一般来说，居民生活消费支出包括家庭在食品烟酒、居住、交通通信、医疗保健、教育文化娱乐、衣着、生活用品及服务、其他用品及服务等方面的支出。近几年，青海省农村居民的生活消费特点发生了明显的变化，这些特点也反映了作干村居民生活消费的变化趋势。

第一，根据国家统计局青海调查总队各年数据，随着农村居民生活水平的提高，青海省农村居民的人均生活消费支出不断增长，2016 年已经增加到了 9222 元，与 2010 年的 3859 元相比，名义增长率达到了 139%，是 2000 年的 19 倍多。

第二，青海省农村居民的生活消费各项内容均有所增加。农村居民饮食结构不断优化，农牧民人均食品消费支出增加；随着生活水平的提高，农牧民衣着消费支出也在增加。由于农村危房改造、游牧民定居工程和农村奖励性住房等政策实施，农牧民住房条件明显改善，人均居住消费支出增长明显。农牧区基础设施建设也明显改善并带动了农牧民交通通信消费支出快速增加。

第三，青海省贫困地区农牧民人均生活消费支出普遍低于全省平均水平。以 2014 年为例，青海省贫困地区农牧民人均生活消费支出 6746 元，比青海省农牧民人均生活消费支出低 18%。值得注意的是，随着国家和省扶贫减

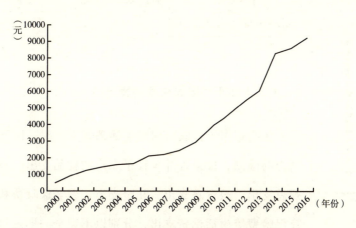

图 4-5　青海省农牧民人均生活消费支出

贫工作的进一步开展，青海省贫困地区农牧民生活消费支出增速快于青海全省水平。可以预见的是，今后青海省贫困地区农牧民人均生活消费支出与全省农牧民平均水平之间的差距将继续缩小。

第四，根据普遍规律，农村居民生活消费结构向着逐渐降低生存消费比重、不断提高享受和发展性消费比重变化，基本生存资料中的食品支出比重将逐渐下降，其他享受和发展性消费支出比重不断提高。根据 2014 年青海省贫困地区农牧民人均生活消费支出比重，2014 年食品烟酒支出所占比重为 32.3%，其余依次为居住（占19%）、交通通信（占 17%）、医疗保健（占 11%），食品支出比重已经有所下降，而交通通信等支出有较大幅度的提高。

表 4-10　2014 年青海省贫困地区农牧民人均生活消费支出及比重

单位：元，%

年份	生活消费支出小计	食品烟酒	居住	交通通信	医疗保健	教育文化娱乐	衣着	生活用品及服务	其他用品及服务
2014	6746	32.3	19	17	11	7.1	7	5.1	1.5

（二）作干村居民生活消费支出

在调查作干村农村居民生活消费支出时，由于时间和精力的限制，仅录入并统计了农户的食品支出、报销后医疗总支出、教育总支出、礼金支出、养老保险费和合作医疗保险费等生活消费支出，分别以不完全的形式对应了食品烟酒、医疗保健、教育文化娱乐和其他用品及服务的支出；没有计入居住、交通通信、文化娱乐、衣着、生活设施及服务等生活消费支出项目。根据 2014 年数据，这些支出项目约占青海省贫困地区农牧民生活消费支出的一半左右。因此，本调研的家庭生活消费支出属于不完全统计，实际的生活消费支出要高于目前的调研数据。

2016 年，作干村被调研的 30 户贫困户的家庭生活消费支出总额达到了 490720 元，平均每户家庭的生活消费支出为 16357 元，人均为 4089 元。其中，每户的食品支出为 3898 元，占全部支出的 24%；报销后家庭医疗支出为 8276 元，占 50%；家庭教育总支出为 1264 元，占 8%；家庭养老保险费和合作医疗保险费分别为 283 元和 639 元，分别占 2% 和 4%；礼金支出为 1997 元，占 12%。

表 4-11　2016 年作干村样本户和全村居民生活消费支出情况

单位：元

项目	30 户贫困户	30 户非贫困户	60 户样本户	贫困户与非贫困户的比值	71 户贫困户	56 户非贫困户	全村
1. 人口数（人）	120	121	241	0.99	253	202	455
2. 家庭生活消费支出总额	490720	420458	911178	1.17	1161371	784855	1946226
3. 食品支出	3898	4159	4029	0.94	3898	4159	4013
4. 报销后家庭医疗支出	8276	4589	6432	1.80	8276	4589	6650
4.1 报销医疗费	4797	1160	2979	4.14	4797	1160	3193
5. 家庭教育总支出	1264	1747	1505	0.72	1264	1747	1477

项目	30 户贫困户	30 户非贫困户	60 户样本户	贫困户与非贫困户的比值	71 户贫困户	56 户非贫困户	全村
6. 家庭养老保险费	283	303	293	0.93	283	303	292
7. 合作医疗保险费	639	633	636	1.01	639	633	636
8. 礼金支出	1997	2584	2290	0.77	1997	2584	2256
9. 家庭户均生活消费支出（3~8 项合计）	16357	14015	15185	1.17	16357	14015	15324
10. 家庭纯收入（不含医疗费）	20400	40087	30243	1.97	20400	40087	28583
11. 家庭收入与支出之差	4043	26072	15058	0.16	4043	26072	13259
12. 人均生活消费支出	4089	3475	3782	1.18	4089	3475	4277
13. 人均纯收入（不含报销医疗费）	5100	9939	7529	0.51	5100	9939	7978
14. 人均收入与支出之差	1011	6464	3747	0	1011	6464	3701

2016 年，作干村被调研的 30 户非贫困户的家庭生活消费支出总额达到了 420458 元，平均每户家庭的生活消费支出为 14015 元，人均为 3475 元。其中，每户的食品支出为 4159 元，占全部支出的 30%；报销后家庭医疗支出为 4589 元，占 33%；家庭教育总支出为 1747 元，占 12%；家庭养老保险费和合作医疗保险费分别为 303 元和 633 元，分别占 2% 和 5%，礼金支出 2584 元，占 18%。

通过加权推算，2016 年，作干村所有家庭，家庭生活消费支出总额达到了 1946226 元，平均每户家庭的生活消费支出为 15324 元，人均为 4277 元（不完全统计）。其中，每户报销后家庭医疗支出 6650 元的占比最大，为 43%；食品支出 4013 元的占比居第二，为 26%；礼金支出 2256 元的占比排第三位，为 15%；家庭教育总支出为 1477 元，占 10%；家庭养老保险费和合作医疗保险费分别为 292 元和 636 元，分别占 2% 和 4%。

表 4-12   2016 年作干村样本户和全村居民分类生活消费支出

单位：元

项目	小计	食品支出	报销后家庭医疗支出	家庭教育总支出	家庭养老保险费	合作医疗保险费	礼金支出
30 户贫困户	16357	3898	8276	1264	283	639	1997
30 户非贫困户	14015	4159	4589	1747	303	633	2584
60 户样本户	15185	4029	6432	1505	293	636	2290
全村	15324	4013	6650	1477	292	636	2256

表 4-13   2016 年作干村样本户和全村居民生活消费支出结构

单位：%

项目	小计	食品支出	报销后家庭医疗支出	家庭教育总支出	家庭养老保险费	合作医疗保险费	礼金支出
30 户贫困户	100	24	50	8	2	4	12
30 户非贫困户	100	30	33	12	2	5	18
60 户样本户	100	27	42	10	2	4	15
全村	100	26	43	10	2	4	15

作干村村民家庭的生活消费有以下特点。

第一，2016 年作干村户均生活消费支出为 15324 元，人均为 4277 元，如果根据 2014 年青海贫困地区农牧民人均生活消费支出比重数据推算，作干村人均生活消费支出的完全统计数据应该在 8554 元左右，比 2014 年青海贫困地区农牧民人均生活消费支出还要高（由于数据有限，只能进行不同年份的数据比较）。可以说，作干村的人均生活消费水平高于青海贫困地区农牧民人均生活消费，说明作干村民生活的负担较重。

第二，全村人均生活消费支出中，报销后家庭医疗支出所占比重最大，达到了 43%，其次为食品支出，占 26%，排第三位的为礼金支出，占比达 15%；家庭教育总支出占比达到 10%，而家庭养老保险费与合作医疗保险费用占比合计为 6%。这种支出比重说明，作干村家庭的生活消费支出目前已经超越了满足基本温饱的水平，对家庭人力资本的投入（医疗保健、教育及保险费用）已经逐步增加。不过，这也意味着，农户家庭的医疗、教育等支出压力较大，对农户造成的负担较重。在今后的减贫脱贫、农村发展的过程中，仍要继续专注农户的健康保障和教育方面的支出。

第三，2016 年作干村家庭户均纯收入为 28583 元，家庭户均生活消费支出为 15324 元，家庭收入与支出之差为 13259 元，人均收入与支出之差为 3701 元，总体来说，作干村的家庭建设正在朝正向积累的方向发展，这些正向积累体现在住房、生活电器、农用机械、交通通信、文化娱乐、衣着、生活设施及服务等方面的建设性支出。不过，如果计入这些生活消费的支出项目，作干村村民的收入与支出比较接近，这在一定程度上也能够解释村民家庭普遍缺乏存款，为建房、婚娶常常需要负债的现象（参见下节）；仍需要进一步努力实现支出的良性循环。

第四，全村人均生活消费支出中，贫困户与非贫困户之间存在显著的差别，这主要体现在医疗费用支出方面。贫困户的家庭及人均生活消费支出都高于非贫困户，仔细分析各项支出，可以发现，贫困户与非贫困户的养老及保险费用相差不多，食品、教育、礼金支出均低于非贫困户，但是医疗费用大大高于非贫困户，报销后家庭医疗支出几乎是非贫困户的 2 倍；贫困户报销医疗费用后家庭医疗支出的占比也更高，占总支出的比重高达 50%，比非贫困户高 17 个百分点，无疑，即便农户参加了农村合作医疗项目，疾病仍对贫困户造成了沉重的经济负担，是很多贫困户的致贫原因。

第五，贫困户与非贫困户在食品支出、养老保险和合作医疗费用方面差距很小，说明衣食住行中，作干村村民已经具备了食的基本保障，在养老与医疗等社会保障方面也处于相同的水平。

第六，贫困户存在明显的支出型贫困现象。贫困户的支出比非贫困户更多，而收入相对更低；考虑到贫困户收入更低的情况，当收入扣去支出之后，贫困户与非贫困户之间的差距更大。具体地，贫困户的户均和人均收入支出差距分别为 4043 元和 1011 元，而非贫困户的户均和人均收入支出差距分别为 26072 元和 6464 元；二者之间的差异非常明显。当然，由于 30 户非贫困户的样本中，有两户养殖大户，其家庭收入均达到了 10 万元以上，可能在一定程度上会拉大非贫困户与贫困户之间的差距，不过这种误差并不能显著影响贫困户存在明显的支出型贫困的结论。作干村贫困户想要真正地脱贫、脱困，需要从两个方面着手：一方面要提高村民的创收能力，增加村民的实际收入；另一方面，要提高村民的健康水平，加强村民的医疗健康保障，减轻村民的医疗负担。

第三节 2016 年家庭存借款情况

本次调研对 60 户家庭的存款借款情况进行了调查。

在借贷方面，作干村农户大部分都有借款。被调研的 60 户家庭中，有 39 户存在借款，也就是说，抽样的家庭有 65% 存在家庭借款。存在借款利息的家庭，月利率为 2.4‰~8.8‰。借贷形式主要有四种。第一种是在亲戚朋友、同乡、同事、邻居等熟人中进行，完全靠个人间的感情及信用，通常没有手续或只有简单的借条，根据双方关系的程度，借款期限有长有短，借款利率无或不高。调研发现，60 户家庭中有 19 户是这一类的私人借款，约占提供答案的农户的 50%，约占全部调研农户的 1/3，借款没有任何利息，很多还没有明确还款日期。第二种是从农村信用社借的农村信用小额贷款。贷款主要用来购买化肥、农药、种子、家畜幼苗幼崽，甚至购建住房。借款户中有

17 户是从信用社借款，占借款户的 40% 以上，也占全部调研农户的约 1/3。第三种是村民获得的贫困村互助资金。借款户中有 2 户从贫困村互助资金取得了借款。第四种是利息较高的民间借贷，主要用于扩大养殖规模、建房、红白喜事支出等。这种借贷可以缓解急需用钱的压力，但是利息比较高，有 1 户家庭的借款月利率达到了 8.8‰。

贷款用途主要有四种。在提供答案的农户中，有一半的家庭借钱是用于看病，1/4 的家庭用于养殖等生产活动，1/4 的家庭用于房屋搬迁、装修或购房，有一户家庭则用于娶媳妇。从调查情况可以看出，医疗、生产、购建住房是借款的主要用途；其他如婚丧嫁娶也是借款的一个用途。可以说，农业生产已经不是作干村农户借贷行为最重要的用途了；各种生活消费已经成为农户借贷最重要的用途。

作干村的总体借款额比较大。按样本进行推算，全村的借款总额在 271 万元左右，户均借款为 21365 元；其中 30 户贫困户借款 446100 元，而 30 户非贫困户借款 888000 元。2016 年借款利息总额约为 50062 元，户均 394 元。借款户中，贫困户与非贫困户的比例为 56∶44，贫困户的借款比例与非贫困户并无明显差别。

在存款方面，作干村整体上的存款额较小。按样本进行推算，全村的存款总额在 107 万元左右，户均存款为 8279 元；其中 30 户贫困户仅有存款 6000 元，而 30 户非贫困户有存款 565625 元。2016 年存款利息总额约为 21401 元。需要注意的是，入户调查时村民皆未汇报有财产性收入，在农户家庭收入统计中财产性收入为零。此处的利息总额是根据存款额及 2016 年较低的活期利率进行的保守估算，由于存款总额不高，利息数额也较小。

综合来看存借款之差，按照抽样调查推算，全村存款额在 107 万元左右，而借款额在 271 万元左右，借款比存款高 164 万元，借款额远远高于存款额。根据入户调研，看病、农业生产、房屋搬迁、装修或购置等是借款的主要用途。

综合考虑存借款，贫困户与非贫困户存在显著的差别。第一，存款数额和利息有显著差别，贫困户明显小于非贫困户。2016 年作干村抽中的家庭中，贫困户仅有 1 户有存款，而非贫困户有接近一半（14 户）有存款。根据调研，30 户贫困户的存款总额仅为 6000 元（集中在 1 户），而 30 户非贫困户的存款总额达到了 565625 元，户均为 18521 元。第二，借款数额和利息有显著差别，贫困户虽然也有大额借款，但是总量小于非贫困户。调研发现，30 户贫困户的借款总额为 446100 元，只有 30 户非贫困户借款总额 888000 元的一半。在调研中还发现，一些非贫困户家庭借了大量资金用于养殖业发展，还有一些已经在为易地搬迁做准备。第三，借款用途有所不同。一些贫困户为了治病产生了大量借款，属于因病致贫。而一些非贫困户则是为扩大生产规模进行借贷。第四，存借款之差明显不同。贫困户的存借款之差大于非贫困户。表 4-14 为作干村家庭存借款情况的调研与推算数据。

表 4-14　2016 年作干村家庭存借款情况

单位：元

项目	30 户贫困户	30 户非贫困户	60 户样本户	全村
1. 存款总额	6000	565625	571625	1070033
2. 户均存款	200	18521	9527	8279
3. 存款利息总额	120	11313	11433	21401
4. 存款利息户均	4	377	191	168
5. 借款总额	446100	888000	1334100	2713370
6. 借款户均	14870	29600	22235	21365
7. 借款利息总额	3525	22350	25875	50062
8. 借款利息户均	118	745	431	394
9. 存借款之差	−440100	−322375	−762475	−1643337

第四节　小结

　　家庭收入与支出是考察村民家庭和个人经济活动、生活水平和生活质量的一个重要的衡量指标。作干村农民收入中，家庭经营收入比重逐年下降，工资性收入和转移性收入比重增加。根据调研结果，作干村目前在青海省内仍是比较贫困的村庄。作干村居民收入与支出主要有以下几个特点。

　　第一，2016 年全村家庭纯收入总计为 369.3 万元，户均纯收入为 28549 元，人均纯收入（含来自国家的转移性收入）为 7969 元，低于全省 2016 年 8664 元的农民人均年纯收入的水平。全村户均获得来自国家的转移收入达到3320元，人均为927元，占家庭或人均纯收入的11.7%，这个比例比较高，与扶贫力度增加和社会保障加强是密不可分的，对于改善农民尤其是贫困农民的生活，起到了不可或缺的积极作用。但也说明，村民尤其是贫困村民对国家补助资金的依赖性很强。

第二，全村人均纯收入结构中，工资性收入、家庭经营纯收入、财产性收入和转移性收入分别为59%、27%、0和14%。工资性收入所占比重最高，接近六成；家庭经营纯收入接近三成。与青海省平均水平相比，作干村村民对外出务工收入的依赖性更强，在本地的经营收入更少，转移性收入比重更低，且几乎没有财产性收入。

第三，从个别样本来看，村民人均纯收入的个体间差距很大。但是从总体上看，作干村60户家庭人均年纯收入（含国家转移收入）的基尼系数为0.21；不含国家转移收入的基尼系数为0.24。可以说，村民整体上的收入差异很小；国家各种类型的转移收入在一定程度上减小了村民的贫富差异。

第四，贫困户与非贫困户间存在显著的收入差异。贫困户的人均收入大约只有非贫困户的50%（含国家转移收入）和40%（不含国家转移收入），两者存在统计学意义上的显著性差异。这说明作干村确实存在贫困户与非贫困户之间的收入差异，也说明作干村开展的精准扶贫工作，确实达到了精准识别的要求。

第五，农户家庭支出主要分为生产经营费用支出和生活消费支出两大部分。生产经营费用支出主要是家庭经营费用支出；生活消费支出在本次调研中仅统计了农户的食品支出、报销后家庭医疗总支出、家庭教育总支出、礼金支出、家庭养老保险费和合作医疗保险费等生活消费支出，分别以不完全的形式对应了食品烟酒、医疗保健、教育文化娱乐和其他用品及服务的支出；没有计入居住、交通通信、文化娱乐、衣着、生活设施及服务等生活消费支出项目。根据 2014 年数据，这些支出项目约占青海贫困地区农牧民生活消费支出的一半。

第六，2016 年作干村平均每户家庭的生活消费支出为 15324 元，人均为 4277 元（不完全统计）。如果根据2014 年青海贫困地区农牧民人均生活消费支出比重数据推算，作干村人均生活消费支出的完全统计数据应该在 8554元左右，比 2014 年青海贫困地区农牧民人均生活消费支出还要高（由于数据有限，只能进行不同年份的数据比较）。可以说，作干村农户的人均生活消费水平高于青海贫困地区农牧民人均生活消费，说明作干村农户人均生活消费的负担较重。

第七，2016 年作干村家庭生活消费支出结构中，报销后家庭医疗支出占比最大，为 43%；食品支出占 26%；礼金支出占 15%，家庭教育总支出占 10%；家庭养老保险费和合作医疗保险费分别占 2% 和 4%。这种支出比重说明，作干村家庭的生活消费支出目前已经超越了满足基本温饱的水平，对家庭人力资本的投入（医疗保健、教育及保险费用）已经逐步增加。不过，这也意味着，农户家庭的医疗、教育等支出压力较大，对农户造成的负担较重。在今后的减贫脱贫、农村发展的过程中，仍要继续专注农户的健康保障和教育方面的支出。

第八，2016年作干村户均纯收入为28583元，户均生活消费支出为15324元，家庭收入与支出之差为13259元，人均收入与支出之差为3701元。总体来说，作干村的家庭建设正在朝正向积累的方向发展，这些正向积累体现在住房、生活电器、农用机械、交通通信、文化娱乐、衣着、生活设施及服务等方面的建设性支出，不过，如果计入这些生活消费项目的支出，作干村村民的收入与支出比较接近，这在一定程度上也能够解释村民家庭普遍缺乏存款，为建房、婚娶常常需要负债的现象，仍需要进一步努力实现支出的良性循环。

第九，贫困户与非贫困户在食品支出、养老保险和合作医疗费用方面差距很小，说明衣食住行中，作干村村民已经具备了食的基本保障，在养老与医疗等社会保障方面也处于相同的水平。

第十，全村人均生活消费支出中，贫困户与非贫困户之间存在显著的差别，这主要体现在医疗费用支出方面。贫困户医疗费用大大高于非贫困户，报销后家庭医疗支出几乎是非贫困户的2倍；贫困户报销医疗费用后家庭医疗支出的占比也更高，占总支出的比重高达50%，比非贫困户高17个百分点，无疑，即便农户参加了农村合作医疗项目，疾病仍对贫困户造成了沉重的经济负担，是很多贫困户的致贫原因。

第十一，贫困户存在明显的支出型贫困现象。贫困户的支出比非贫困户更多，而收入相对更低；考虑到贫困户收入更低的情况，当收入扣去支出之后，贫困户与非贫困户之间的差距更大。作干村贫困户想要真正地脱贫脱困，需要从两个方面着手：一方面要提高村民的创收能力，增加村民的实际收入；另一方面，要提高村民的健康水平，加强村民的医疗健康保障，减轻村民的医疗负担。

第五章

家庭生活及其演变

第一节　日常生活

一　饮食

　　村民的日常生活主要涉及食住行。村民的主食以面食为主，主要是馍馍、饼、面片、面条等。副食中，蔬菜以自己种的蔬菜为主，洋芋（土豆）既是一种主食，也是主要的菜品。冬天，村民会腌制酸菜、花菜（以芹菜丝和胡萝卜丝为主）过冬。食用油为菜籽油，一部分是村民自种自榨的，另一部分为购买。炒制的蚕豆是村民的一种零食。逢年过节，村民会炸制油饼、馓子等，作为招待亲朋好友的食物。村民的生活水平已经超越了简单的温饱阶段，利用种类有限的粮油副食蔬菜，村民精心制作传统口味的零食和菜品，大大增加了生活的幸福感。

村民做饭和取暖的燃料以柴草为主，其他为煤炭。最主要的取暖设施为土炕，其次为炉子，60 户中有 14 户烧火炉或烤箱，既可以取暖，又可以做饭。各家各户都有煨炕的习惯，在炕洞里用牛马粪、麦糠作柴，不起火焰、闷闷地阴燃，可以保持炕洞里一整夜都有火，是村民冬天取暖必不可少的。

青海农村天气比较干燥，因此村民没有经常洗澡的习惯，基本上没有沐浴设施，60 户中仅有 2 户有沐浴设施。厕所全部为传统的旱厕，粪便经堆放后作为有机肥施用于农田。生活垃圾大多为随意丢弃，但也有进行火烧、送到垃圾池和定点堆放处理的农户，在 60 户被调研家庭中分别有 10 户、4 户和 5 户。生活污水排放绝大多数也是随意排放，其他有管道排放、排到家里渗井等，在 60 户被调研家庭中分别有 13 户、2 户和 1 户。

二 住房及家居

村民的住房一般都是一个院子加一排北房。庭院可种植花草树木及蔬菜。北房一般都建有整面玻璃窗户的前廊，阳光充足，可用于种花、待客、晒日头、晒粮食等，还有利于正房的防风保暖。

村民全部有自有住房。农户的第一住房主要为土瓦房和砖混结构房屋。60户被调研家庭中，7户有第二住房，其中4户为贫困户，3户为非贫困户，相差不大。住房的材质不一，有土瓦房（4户）、砖混（1户）、钢混（1户）和其他（1户）。有1户拥有第三处住房，为钢混结构，建造成本为6万元。这一户的住房条件在作干村属于较好的水平。

村民的住房有新建的，也有以前的旧房。在60户被调研家庭中，25户贫困户和15户非贫困户建于2008年后。由表5-1可以看出，非贫困户比贫困户的盖房时间总体上要早几年，在1995~2000年，非贫困户盖房的更多；在2008~2010年，盖房的贫困户更多。这是因为非贫困户家庭条件较好，相对更早有能力盖房。但这也意味着，在作干村易地搬迁后，晚盖房的贫困户在物质和精神上的损失可能更多一点。

表5-1 作干村被调研农户住房修建时间

单位：栋

项目	1992年	1995~2000年	2001~2005年	2006~2007年	2008~2010年	2011~2013年	2014~2016年
贫困户	1	1	2	1	10	7	8
非贫困户	0	10	1	4	6	2	7

第一住房的建房平均成本为41370元，贫困户的建房平均成本为40407元，最高为10万元，最低为由政府投入的危房改造资金，个人没有花钱。非贫困户的建房平均成本为42333元，最高为8万元，最低也是由政府

投入的危房改造资金，个人没有花钱；比贫困户的建房成本略高。

绝大多数村民住房为平房（60 户中仅有 2 户为楼房）、砖瓦砖木结构，仅有 4 户为砖混材料，1 户为钢筋混凝土结构。绝大多数住房的状况是一般或良好，60 户中仅有 2 户为政府认定的危房。平均建筑面积为 113 平方米，其中贫困户平均为 104 平方米，非贫困户平均为 121 平方米，在住房面积上还存在一定的差异。村民对其自住房比较满意，贫困户与非贫困户对满意程度的回答，得分均值均为 2.4，其中"1"指非常满意、"2"指比较满意、"3"指一般满意、"4"指不太满意、"5"指很不满意。

村民的家居环境比较相似。起居室一般位于北房正东的一间，一般都有沙发、茶几、火炕、烤箱等家居陈设，能够满足家庭做饭、吃饭、看电视、待客、睡觉等日常起居功能需求，是村民家庭功能最为重要的房间。

家庭耐用消费品的拥有情况各户比较相似，每家每户基本上都有彩电、洗衣机等家用电器，有的家庭甚至有 2 台洗衣机或彩电。样本户中，有 6 户非贫困户家庭拥有家用电脑。手机普及率很高，平均每户拥有 2.6 台手机，一半以上为可以上网的智能手机，且贫困户为 2.4 台，非贫困户为 2.8 台，差别不大；手机已经成为村民交流、沟通、娱乐的主要手段。村干部还为贫困户建立了微信群，在传达政府扶贫政策、沟通村庄发展建设事宜方面发挥了巨大的作用。目前，村民没有固定电话和宽带上网的条件。

在农业生产设施器具方面，作干村有一半以上的家庭拥有拖拉机或手扶拖拉机，有 15% 以上的家庭同时拥有 2 辆摩托车或三轮车，有接近 1/3 的非贫困户拥有家用轿车或皮卡车。有 2 户拥有耕作机，12 户拥有播种机，4 户拥有小型收割机。村民家庭拥有这些用于代步或用于生产的交通工具，极大地方便了村民的生活，提高了村民的生产效率，在村民修建住房、易地搬迁时也发挥了巨大的作用。

三 环境条件

村民对于生活环境总体上是很满意的，没有人认为村庄存在水污染、空气污染、噪声污染和土壤污染情况，仅有不到两成的家庭认为存在一定的生活垃圾污染。他们对自己生活的这个村庄有着深厚的感情。作干村的易地搬迁项目虽然是一件好事，但从情感上来说，村民还是有深深的不舍之情。

村民对于生活环境的安全性也是很满意的。在被问及"在你居住的地方，天黑以后一个人走路你觉得安全吗"这个问题时，所有的人都回答非常安全或安全。很多家庭都是养狗看家护院，基本上没有偷盗抢劫等公共安全问题。不过，在新村出现了部分太阳能路灯电瓶被盗的现象，村委会已要求每户门前路灯由各户看管，责任自负。

第二节　家庭关系和社会联系

中国的农村不仅仅是熟人关系社会，很多村庄姓氏集中，通常还是亲缘关系社会。作干村在这一方面尤为明显。牛、王、张三姓是作干村的前三大姓氏，60户调研户中，牛姓家庭接近全村家庭的一半，王姓家庭约占三成，张姓家庭占一成左右。

随着社会的发展，家庭的功能已经从生产为主向生活为主转变。自给自足的小农经济已退出农村家庭的生产模式，在外出务工的潮流下，在家庭之外的公共领域中以劳动力获得工资的形式成为许多农村人的主要谋生手段。作干村的60户样本户中，有40%的人口在外务工，务工收入占家庭纯收入的比例很高。伴随着家庭生产功能的衰弱，家庭核心功能转变为以满足家庭各成员的个体需求，处理日常家庭事务、调和家庭成员关系等的生活功能为主。[1] 在家庭成员外出务工的情况下，一些家庭还为外出务工子女的孩子（留守儿童）提供了亲情关爱和监护。有一户家庭甚至养育着大家庭里的五六个孩子。

作干村的婚姻关系比较稳定。接受调研的村民中共有4个离婚人口，占比很低，适婚人口很少有"打光棍"现象，说明作干村村民婚姻关系处于稳定的状态中。

---

[1] 胡业方:《家庭及村庄核心功能变迁与妇女权力的建构》,《华南农业大学学报》(社会科学版) 2017年第16期。

村庄的社会关联比较密切。村庄社会关联是村民在应对事件时调用村庄内部关系的能力。[1] 村庄的社会关联越强，村民就越有可能具备降低生产生存风险、面对生产生活事件、建立未来生活预期的能力。作干村村民，无论是贫困户还是非贫困户，在面对生病、婚丧嫁娶、建房甚至交通事故等需要增加生活支出的事件时，都能通过亲戚朋友甚至乡邻的关系，借到一定的借款，帮助家庭渡过难关。

村庄是村民培养社会关系的主要地点。对 60 户村民家庭的调研表明，无论是贫困户还是非贫困户，均有 64% 左右的人口有半年以上的时间在村里家中居住，有 20% 左右在家时间为 3~6 个月，有 16% 左右在家时间为 3 个月以下。村庄是村民进行各种社会活动的主要地点。

表 5-2　2016 年作干村村民在家时间统计

单位：人，%

在家时间	60 户样本户		30 户贫困家庭		30 户非贫困家庭	
	人数	占比	人数	占比	人数	占比
3 个月以下	35	16	20	17	15	14
3~6 个月	43	20	20	17	23	22
6~12 个月	141	64	75	65	66	63
小计	219	100	115	100	104	100

[1] 贺雪峰、仝志辉：《论村庄社会关联——兼论村庄秩序的社会基础》，《中国社会科学》2002 年第 3 期。

第三节　村民对自己生活的评价

总体来看，作干村村民对自己生活的评价比较适中，为一般性的满意。大部分村民认为目前的生活与 5 年前相比好了很多，对现在生活状况的总体满意程度居中，不过，仍有一部分村民认为他们与多数亲朋好友比过得较差。不过，大部分村民对 5 年后的生活还是充满了信心。

贫困户对自己生活幸福度的评价高于非贫困户，说明近年来的扶贫、脱贫工作确实提高了贫困户的幸福感。不过，虽然贫困户认为与 5 年前相比他们的生活得到了显著的改善，但是对于 5 年后的生活，他们的信心要低于非贫困户。

表5-3　2016 年作干村村民对自己生活的评价

问题	贫困户得分	非贫困户得分	60 户平均得分	得分的意义
1. 对现在生活状况的总体满意程度	2.73	2.53	2.63	1~5，越高越满意
2. 昨天的幸福程度	2.17	2.03	2.10	1~5，越高越满意
3. 与 5 年前比生活变得怎么样	1.50	1.72	1.61	1~5，越小越认为会好
4. 觉得 5 年后的生活会变得怎么样	2.33	1.93	2.13	1~5，越小越认为会好
5. 与多数亲朋好友比过得怎么样	3.63	2.77	3.20	1~5，越小越认为会好
6. 与本村多数人比过得怎么样	3.50	2.23	2.87	1~5，越小越认为会好
7. 对周围居住环境满意吗	1.86	2.0	1.93	越小越满意

第六章

村民的社会生活

第一节　教育和技术培训

一　扫盲及村民文化水平

随着青海省教育水平的提高和义务教育的普及，作干村村民文化程度也有了一定程度的提高。30 年前村里有一半甚至 2/3 以上的人口都是文盲。根据入户调研推算，作干村文盲人口应该在 60 人左右，约占总人口的 13% 左右。虽然多年来文盲率有明显降低，但是仍高于 2016 年全国 5.28% 的平均文盲率。贫困户与非贫困户的文化水平也存在一定的差异。贫困户的文盲率高，中专、大专及以上教育程度的人口较少。

二 子女教育

作干村有 3~5 周岁儿童人数 17 人，其中有 6 人入托，11 人不入托由祖父母或父母在家照顾。由于作干村没有幼儿园，学龄前儿童入托都是去位于山下贺尔村的幼儿园，收费标准为 2800 元 / 学年，对于农户家庭来说是一笔较大的开销。这说明村民对下一代的教育是非常重视、舍得投入的（见表 6-1）。

表 6-1　2016 年作干村学龄前儿童入托情况

项目	数量	项目	数量
本村 3~5 周岁儿童人数	17	幼儿园在园人数	6
当前 3~5 周岁儿童不在学人数	11	幼儿园收费标准（元 / 学年）	2800
本村幼儿园、托儿所数量（个）	—	学前班在学人数	—
其中公立幼儿园数量（个）	—	学前班收费标准（元 / 月）	—

作干村有小学阶段适龄儿童 34 人，都在山下的贺尔村小学就读，无失学辍学情况。就读学生中，有 20 人住校，其余 14 人走读；女生有 17 人。就读的直接费用为 200~600 元。青海省从 2006 年起就全部免除农村牧区义务教育阶段学生的学杂费，因此小学生们就读产生的费用主要是作业本、交通费等。

表6-2　2016年作干村小学适龄儿童上学情况

项目	数量	项目	数量
本村小学阶段适龄儿童人数	34	在乡镇小学上学人数	34
其中女生数	17	其中女生数	17
在本村小学上学人数	—	其中住校生人数	20
在县市小学上学人数	—	去外地上学人数	—
失学辍学人数	—		

　　作干村有初中阶段适龄儿童30人，都在邻近的贺尔村中学就读，无失学辍学情况。就读学生中女生有10人；16人住校，其余14人走读。贺尔村中学是青海省农村义务教育学生营养改善计划的试点学校。自2015年3月1日起，青海省实施农村义务教育学生营养改善计划，每日补助从原来的3元提高至4元，每生每年增加至800元。作干村在贺尔村中学就读的学生也受益于国家的这一优惠政策。调研中大部分人认为，学校条件在比较好与一般之间；认为孩子的学习成绩在满意与一般之间。

　　互助县对贫困农村地区提供"雨露计划"和"两后生"资助。"雨露计划"是对建档立卡贫困大学生和贫困中高职生给予一次性补助。补助标准分为本科生、少数民族预科生和中高职职校生三个档次，补助金额为在校期间每生每年1800~5000元。"两后生"计划则针对初、高中毕业未能继续升学的贫困家庭中的富余劳动力，开设多种技能的培训班，通过培训让贫困青年掌握一技之长，提高自身素质，尽快走上脱贫致富之路。2016年，作干村总共有2人获得了"雨露计划"资助，补助金额分别为

1800 元和 5000 元；近年来有数十名"两后生"参加了技术培训。

三　技术培训

作干村地处偏远，交通不便，长期以来受资源、地理等因素的影响，村民缺乏提升劳动技能的有效渠道。像作干村这样的贫困山村的贫困村民，是青海省人力资源和社会保障部门开展技术培训的重点对象。培训的主要技术一般是"上手快，易就业"的技能，目标是确保每个有劳动力的贫困户中至少有 1 人实现转移就业，最终带动整户脱贫。

作干村村民是这一政策的直接受益者。近两年，全村有 41 人次参加了农业技术培训，有 47 人次参加了职业技术培训。培训项目比较多样，有新生成劳动力职业教育、劳动力转移就业培训、农村实用技能培训、贫困村致富带头人培训等。农村实用技能培训主要教授种植养殖技术；职业技术培训则包括拉面技术、烹饪技术、汽车驾驶、挖掘机技术、酒店管理和创业培训等。有 1 人获得了县以上证书农业技术人员的称号。有 2 户贫困户通过从事运输业增加了收入。不过，这些培训还是存在时间短、技能种类少、培训人员进步小等问题，对村民就业的积极影响并不明显。今后还需要在扩大培训覆盖面的同时，进一步加强培训的力度。

第二节 文化娱乐与风俗

在作干村，农闲时期村民的文化娱乐活动比较单一，以看电视、打麻将、打扑克为主。成年人每天都会花至少一两个小时的时间观看电视节目。逢年过节从外地打工回来的人们有些会参与打麻将、打扑克活动。村民基本上没有阅读或借阅书籍的习惯。在村委会有一个小型的图书室，藏书约有 1200 册，图书数量较少，借阅人次每周为三四人次，借阅量很小。

作干村村民在日常生活中基本没有参与任何形式的有组织的社团活动。近年来，在扶贫帮扶单位的帮助下，在"三八"国际妇女节等节假日，通过开展妇女聚会等娱乐活动，为留守在家的各个年龄段的妇女的生活增加了一定的乐趣。

作干村村民以汉族为主，此外为藏族、回族等少数民族。村民一直保持着浓厚的以汉族为主的民俗习惯，以农历节日活动为主的民俗具有较为鲜明的地域文化特征，保留着较为传统的民俗活动。春节、清明节、端午节和中秋节（八月十五）是当地村民较为重视的传统节日。

农村是亲戚社会、熟人社会。亲朋好友之间联系紧密，在遇到困难时能够互相帮助，但是也意味着村民要付出一定的维持亲情乡情的成本，礼金就是其中之一。随着经济的发展和农村生活水平的提高，作干村的份子钱也已从最初的婚丧嫁娶，扩展到小孩儿满月、百岁、上大学、当兵以及老人过寿、生病住院、搬家、买车等，数额也由几十元上涨到数百元。根据 60 户家庭的入户调查，60 户家庭中仅有 1 户没有礼金支出；意味着高达 98%以上的农户有随礼的支出；支出最少的为 100 元，最多的甚至达到了 12000 元，平均每户家庭的礼金支出高达 2290元，占调研农户户均纯收入的 7.5%。与礼金支出相比，获得礼金收入的农户家庭仅为 13 户，仅占 60 户调研家庭的22%；最低收入为 180 元，最高收入达到了 10000 元。礼金收入与支出不相配，一方面是因为取得礼金的活动并非日常行为，而随礼则是常态化的行为；另一方面也意味着，礼金支出已成为农户家庭的一项大的开支，给农户带来了一定的经济压力。

不过，礼金的存在也有一定的必要性。农村社会里，信任仍然是乡土社会建立社会秩序、加强社会联系的主要工具，也是村民家庭生存、建设与发展的一种经济风险的抵抗机制。这种信任的建立和维持，在很大程度上需要利用礼金等人情往来不断强化。

第三节　村民组织及管理

一　村两委

村两委是村民管理的基本组织。村两委的功能主要是宣传党和国家政策、帮助政策在基层的实施、带领村民脱贫致富，协助乡镇政府和党组织开展基础工作。在当今农村发展、扶贫攻坚的大环境下，驻村扶贫工作队协助和引领村两委的扶贫工作，使村两委的基本职能得到了显著补充和加强。

村党委由 1 名书记和 4 名委员组成，成员多为 60 后，有党员 21 人。除 1 人是乡镇个体劳动者外，其他皆从事农业生产。成员全部为汉族。2 人有本科学历，均为 90 后生人；1 人为高中学历，80 后生人；其他 18 人皆为初中学历。从党员的年龄结构看，60 后、70 后、80 后都有五六人，有 40 后和 90 后各一人，可见作干村的党员队伍发展是非常平稳的。党员中，10 名党员为贫困户，10 名为一般贫困户，1 名为非贫困户；致贫原因有患病、上学及缺技术等。党员的家庭大多为贫困户，说明党员们还需要做出更大的努力引领全村村民脱贫致富。

村委会由 1 名主任、2 名委员、1 名会计和 1 名妇女主任组成，多为 60 后；90 后作为新生力量也已进入村委会组织，提高了村党委的学历水平和知识水平。

村党委和村委会的日常工作实行村干部轮流值班制度，值班人员包括村党支部书记、村委会主任、村会计、妇女主任，每个规定工作日保证有 1 名村干部在村委会办公室值班。支委会、村委会、党员大会、村民代表会议召开期间为村干部集体办公日。目的是让老百姓在日常生活中办事更加便利。2016 年是互助县扶贫攻坚的关键阶段，也是作干村易地搬迁的重要关头，因此村两委成员的日常工作量比往年有大幅度增加，他们付出了极大的时间与精力。

作干村的村级财务比较简单。村财务投入只有两笔经费，一笔为当地政府拨付的小村运转经费，每年为40000元；另一笔为政府拨付的村干部和社干部工资，为50001元。干部工资中，村支部书记和村委会主任各为16300元/年，会计为11584元/年，妇女主任为4137元/年，3名社干部均为560元/年。

村财务支出主要为工资费用和办公费用。每年向村干部和社干部支出工资总计为50001元。办公费用主要为电费，煤费，订报刊费，纸张等办公用品费用，招待费、误工费和会议补助修建道路等，计为20950元。两项合计为70951元，2016年当年有一定结余。

表6-3　2016年作干村财务收入和支出情况

单位：元

村财务收入		村财务支出	
项目	金额	项目	金额
小村运转经费	40000	村干部工资（4人）	48321
		社干部工资（3人）	1680
干部工资	50001	电费	300
		煤费	3000
		订报刊费	650
		招待费、误工费和会议补助	6000
		修建道路	6000
		其他支出（纸张等办公用品）	5000
总计	90001	总计	70951

在村级村务、财务、国家补助资金管理方面，作干村按照国家要求落实村务财务公开制度。行政经费方面，每

笔经费花销都在村委会公示栏公示，让老百姓进行监督。500 元以上开支由驻村第一书记首先审批，再报乡包片领导层层审批，方可报销。确保各项经费开支符合财务制度。在国家补助资金方面，将新建自来水入户、危房改造、易地搬迁、新型农村合作医疗、种粮直接补贴、退耕还林还草补助兑现，以及国家其他补贴农民、资助村集体的政策落实情况，都纳入了村务公开的内容。

作干村无任何集体债务，也无任何集体债权。唯一的集体资产为村两委办公室，建设面积为 75 平方米；卫生所为卫生局资产，因此不列为村集体资产。

由作干村财务情况调查可知，作干村的村级组织财力薄弱，收入仅仅是来自地方政府的财政拨款，用于村级组织的一般行政支出后就所剩无几，没有村集体能够掌握运用的资金，因此无法以村集体的力量为村庄提供公务服务、改善基础设施。针对这一现象，扶贫工作队的驻村进入就发挥了积极的作用。

二　扶贫工作队

在扶贫攻坚的关键时刻，驻村扶贫工作队在村庄发展中起着至关重要的作用。驻村扶贫工作队的职能是协助抓好"两委会"班子建设；宣传落实党和政府的各项强农惠农富农政策和各项精准扶贫政策；协助乡（镇）和村级组织开展贫困户核查认定、建档立卡和信息化建设工作；协调派出单位落实干部结对帮扶贫困户工作；协助制订并实施帮扶村发展规划和贫困户脱贫计划，开展精准扶贫、产业扶贫、金融扶贫、电商扶贫、一对一帮扶等；协调落实并指导实施各类扶贫开发项目；加强基础设施建设，提高公共服务水平。

在扶贫工作队驻村过程中，第一书记发挥着重要的作用：调查了解村情和核实建档立卡贫困户、诊断致贫原因、分类建立信息档案和工作台账、引进资金和项目、按照"八个一批脱贫攻坚行动计划"和"十个行业扶贫专项方案"确定政策措施，帮助贫困村、贫困户制订脱贫攻坚方案和贫困户脱贫计划，帮助贫困村和贫困户改善生产、生活条件，发展产业，提高自我发展能力；组织落实专项扶贫、行业扶贫、社会扶贫项目，帮扶贫困村基础设施和公共服务薄弱环节的改进等。进驻作干村的两任第一书记走访、认识了解了每一户村民，和村民村干部召开座谈会、组织生活会，常年居住在村里，认真努力完成了大量繁杂细致的工作。

2015 年 10 月，青海省高级人民法院派出驻村扶贫工作队，当时任第一书记的是青海省高级人民法院干部徐永前。他通过调研发现，作干村几乎没有什么增收产业，再加上自然条件差、交通不便等因素，村民除了解决温饱外较难有其他收入。在青海省高级法院的大力支持下，驻村工作队从产业发展、技术培训、职业介绍等方面积极协助作干村开展扶贫脱贫工作。在种植业发展扶持方面，2016 年初，长期在外打工的村民张长江回到村里，在工作队的支持下承包了 50 亩荒地试种燕麦草，初夏收获了 47 吨青储饲料，收入近 3 万元。2016 年 4 月，村两委会经过商讨决定，由村委会主任牛富德带头在撂荒地上试种草药当归，种植面积达到了 100 亩。在养殖业发展方面，鼓励村民筹建肉牛养殖合作社，在 11 户村民成功养殖黄牛 40 头的基础上，扩大黄牛养殖规模。在劳务输出方面，由"第一书记"徐永前协调藏毯企业来村里招聘，6 名村民同藏毯企业签订了 6 年的用工合同。另一部分村民还可以就近在易地搬迁项目中务工，解决了村里 50 余人的就业问题。在技能培训方面，充分利用互助县相关部门开展的就业培训机会，教授拉面、烹饪、汽车修理、驾驶等技术。

2016 年 10 月，青海省高级人民法院选派了干部孟令革驻村接任，进一步加大了对作干村的工作和扶贫力度。2017 年，省高级人民法院领导从法院办公经费中拿出 5 万元用于解决新村综合服务中心基建欠款问题；协调省交通厅落实了 440 万元的新村道硬化项目，实施后村道主路宽达 8 米、支路宽达 6 米，远远高于易地搬迁项目计划配套的主路 3.5 米、支路 2.5 米的标准，为群众出行提供了极大方便。联系县委、县政府主要领导落实了 90 万元的农户种养区建设项目，协调县林业局落实了 20 万元的村庄绿化项目。积极开展了对口单位帮扶工作，驻村以来，青海省高级人民法院给新村办公楼配备了价值 20000 余元的电脑、打印机、床、电视、炊事灶具、餐桌等；为庆祝"三八妇女节""六一儿童节""七一建党节"等，省法院为村里送来价值 11000 元的物品；省法院领导和干部个人为贫困户捐赠了大量米、面、油、茶叶、衣物、毛毯、洗涤用品、炊具、现金等，一些领导和干部还由个人出资为贫困户购置了小鸡等生产物资，帮助贫困户在易地搬迁后发展生产、增加收入。扶贫工作队多渠道筹措帮扶资金，争取到了大量企事业单位的资助，投入1万元为村级综合服务中心安装暖气和小锅炉，华宇集团西北公司捐赠达6万余元的办公电脑、打印机及复印机；青海圣光律师事务所为贫困户捐助6000元床上用品；青海省陕西商会捐赠价值达1.5万余元的鸡苗1500只，走访慰问了5户贫困党员、残疾人、贫困大学生、孤寡老人，每户捐赠现金600元，为驻村工作队赠送煤气灶具等；协调当地有关部门争取了1吨大米和面粉到贫困户进行慰问等。

驻村扶贫工作队在扶持精准扶贫、易地搬迁工作的同时，还积极向村民宣讲中央和省委1号文件确定的强农惠农富农政策；辅导党组织建设，帮助村两委班子完善自我监督、群众监督和社会监督机制，开展党员干部反腐倡廉教育；指导协助村产业发展，协调解决种子、农药、化肥、农膜等方面存在的实际困难。

三 村民自治

村民自治主要体现在村民委员会民主选举、民主决策制度落实、民主管理和民主监督机制方面。根据调研，作干村举行的村委会选举投票、村委会会议、政策宣讲活动，除了外出务工、走亲访友村民外，每个家庭至少能有一人参加活动，村民具备了投票权和知情权。

作干村参与积极民主决策，建立健全了村民会议、村民代表会议制度，对有关村民切身利益的事项，通过村民会议、村民代表会议进行政策宣讲、议事协商。村民协商的重要事项包括村民缴费、贫困户评定、易地搬迁等。比如，村两委成员和户代表经商议后，一致同意退还村民原来自筹的修路自筹款，因为易地搬迁后旧村将不再进行村路维修。部分农户尚未缴清自来水工程款和养老医疗保险等公共款项，则从中扣除后清退剩余部分，不够扣除的农户继续补足剩余欠款。村两委成员和户代表讨论确定了易地搬迁的缴费标准。按搬迁户不同类型，贫困户每户收费标准为 1 万元，未享受危房改造的一般户缴费 4 万元，已享受危房改造的一般户缴费 6.5 万元。通过村民会议、村民代表会议宣传易地搬迁方案，评选建档立卡贫困户，由困难户提出申请，各社具体进行评定，对评定情况进行公示，之后开展入户回访。村两委成员和户代表会议还以民主决策的方式确定扶贫工作队筹得的救济粮、爱心物品的公平发放。

开展村务公开。村情概况公布内容包括作干村村概况、村民家庭基本情况等。村务公开实时反映村部的工作情况，包括年度工作目标、基层组织机构、会议记录、村年度收支、国家补贴资金、村民筹资收费等栏目。扶贫工作公开，包括贫困户名单、农村医疗救助对象、五保户的确认、各类救灾救济资金、款物的公开评审、发放和使用情况等。作干村还详细公布了村庄易地搬迁的具体情况。

第七章

村民的社会保障

第一节　最低生活保障

一　食住行等情况

　　从人均粮食产量、农户住房条件等贫困程度的基本生活指标来看，作干村已不再有缺衣少食无庇护房屋的生存贫困。在粮食产量方面，按作干村人均耕地 3.4 亩，其中大约一半种植小麦计，2016 年作干村小麦种植面积为 888 亩，总产量为 88.8 吨，全村有 455 人，人均粮食产量为 195 公斤，虽然不足以向市场出售余粮，但是也能基本满足日常生活所需，全村不存在挨饿的情况。在住房和家居设施方面，也能满足基本的居住要求，村民全部有自有住房，建筑面积平均为每户 113 平方米或每人 31 平方米，主要为土瓦房和砖混结构房屋，每户基本上都有彩电、洗衣机等基本的家用电器和 2.6 台手机，一半以上为可以上网的智能手机。

作干村的生产和出行条件也有了很大的改善。在被调研的 60 户家庭中，一半以上的家庭拥有拖拉机或手扶拖拉机，15% 以上的家庭同时拥有两辆摩托车或三轮车，18 户非贫困户拥有家用轿车或皮卡车，2 户拥有耕作机，12 户拥有播种机，4 户拥有小型收割机。村民家庭拥有这些用于生产或代步的工具，提高了农业生产效率，方便了村民的生活，腾出了更多的农闲时间，提高了村民的生活水平。

二　最低生活保障

为了加强农村最低生活保障，同时与扶贫政策有效衔接，2015 年 12 月中共青海省委、青海省人民政府制定了《关于打赢脱贫攻坚战提前实现整体脱贫的实施意见》，实行农村低保制度兜底政策，在 2015 年底实现全省农村最低生活保障标准与扶贫标准"两线合一"。该制度对无劳动能力并且无法依靠产业扶持和就业帮助脱贫的特殊贫困人口（低保人口）和重度残疾人，由民政部门负责实行政策性保障兜底。对具备劳动能力、能够通过发展产业等帮扶措施脱贫的贫困人口（低保人口），由扶贫部门纳入脱贫攻坚政策扶持范围。对因灾、因病等造成的临时致贫或返贫群众，加大医疗救助、临时救助等专项救助力度，减少因灾、因病返贫现象发生。

根据《青海省低保兜底脱贫攻坚行动计划》，2016年起，全省农村牧区低保对象按三种类型进行管理并实施分档生活补助。第一种是无劳动能力或丧失部分劳动能力的家庭，人均收入500元以下（一档），平均每人每年补助2500元，实行完全兜底保障，不再安排扶贫项目和资金。第二种是原低保对象中有劳动能力的家庭，人均收入500~2400元（二档），平均每人每年补助2016元，扶贫部门安排扶贫项目和资金。第三种是人均收入2400~2970元（三档）或新增低保对象即扶贫建档立卡户，平均每人每年补助400元。

2016年，共有75户241人受益于国家和青海省的低保兜底脱贫攻坚政策。其中，有219人获得了每人每年400元的低保补助，有18人获得了每人每年2500元的低保兜底补助；总计为13.26万元。另外有4人享受每人每年4773元的五保户补助。

表7-1　2016年作干村村民获得国家低保补助情况

项目	补助标准（元/年）	补助户数（户）	补助人数（个）	补助金额（元）
一档低保户	2500	67	219	87600
二档低保户	2016	—	—	
三档低保户	400	4	18	45000
小计				132600
五保户	4773	4	4	19092

第二节　健康及医疗保障

一　村民健康情况

根据调研，影响作干村村民健康的主要慢性病有高血压、糖尿病、冠心病等循环系统疾病，气管炎、肺炎等呼吸道疾病，风湿、关节炎等肌肉骨骼系统、胃炎等消化系统疾病等；调研中发现多例癫痫病和一例小儿麻痹。偶有交通事故等意外事件影响村民健康（被调研家庭中有两户各有1人在2016年遇到了严重的交通事故，医疗费分别为3万元和6万元）。全村有1~4级残疾人19人，占全村人口的4%。60户调研家庭的健康率为69%，患有长期慢性病的人口占25%，患有大病人口占3%，残疾人口占3%。根据可得数据[①]，2015年我国农村15岁以上人口慢性病患病率为29.9%，作干村村民的长期慢性病患病率略低于全国平均水平。

表 7-2　2016 年作干村被调研 60 户家庭所有人口的健康状况

单位：%

项目	健康人口	长期慢性病人	患有大病人口	残疾人口
30 户贫困家庭	63	31	4	3
30 户非贫困家庭	77	19	1	3
60 户调研家庭	69	25	3	3

① 张寒冰、王卫东、侯天慧、杨耀文、侯文静、赵书红、张俊、刘双喜、王霞：《我国农村慢性病患病率的调查与分析》，《山西职工医学院学报》2016年第1期。

贫困人口与非贫困人口的健康情况存在明显的差异。调研户的患病人口中，贫困户与非贫困户间存在较为明显的差别，前者有46位病人，后者有28位病人，共计74人。贫困人口的健康率为62%，非贫困人口的健康率为77%，相差15个百分点；贫困人口的长期慢性病患病率为31%，比非贫困人口高12个百分点，贫困人口的大病患病率为4%，比非贫困人口高3个百分点。这说明贫困家庭负担更为沉重。

患病人口中，39%的患病程度为一般，42%为严重，其余为一般的患病程度。贫困户与非贫困户的患病人口，除了不太严重程度的患病人数以外，一般和严重的患病程度均有明显的差异，贫困户的一般患病人口比非贫困户的一般患病人口多7个，严重患病人口多25个。对于一个农村家庭来说，有一个患病严重的病人，就能对家庭的经济状况产生明显的影响。可见，因病致贫或返贫这一普遍的致贫原因，在作干村也是非常明显的。这与互助县所有建档立卡贫困户中有47%是因病致贫或返贫的现象是一致的。

在精神状况方面，作干村被调研的患病人口中有1/3多的人没有感受到精神焦虑，有1/3多的人有一点焦虑，其他近1/3的患病人口有严重或非常严重的焦虑。贫困户的患病人口更多感受到有一点焦虑。可以说，总体上村里的病人还是存在一定程度的焦虑，其中贫困户患病人口的焦虑程度更多一些。

表 7-3 2016 年作干村患病人口感到焦虑的程度

单位：人

项目	没有	有一点	有一些	挺严重	非常严重
贫困户患病人口	15	20	7	5	2
非贫困户患病人口	12	7	6	2	0
小计	27	27	13	7	2

二 村民就医条件

1. 县乡村医疗卫生服务体系不断健全

多年来，青海省在农村牧区积极开展强化县级医院、乡镇卫生院和村卫生室的三级卫生服务网建设工作。与作干村村民密切相关的县、乡村医疗卫生服务体系不断健全，为村民小病不出村、常见病不出乡、急危重症和部分疑难复杂疾病不出县提供了较为完善的条件。

作为最基础的医疗保健机构，作干村卫生室试图建立较为完整的全科医生服务团队，拥有全科医生、乡村医生和保健员，能够为村民提供基本的卫生服务、医疗服务和计划生育服务。作干村实施了国家基本公共卫生服务项目，该项目预算由国家、省、县各级财政提供，2016 年人均补助标准 50 元。具体服务内容是 2012 年以来青海省实施的 14 类基本公共卫生服务项目，包括建立居民健康档案、健康教育宣传和咨询等。就近的乡级卫生院位于林川乡政府所在地贺尔村，与作干村距离仅有 3 公里左右，出行较为便捷。乡卫生院日常开展的卫生服务等相关业务，基本满足了村民一般的就医需求，实现了常见病不出乡诊治。

互助县医院是作干村村民治疗急危重症和疑难复杂病症的主要医疗机构。该医疗机构创建于1950年，现已发展为一所集医疗、急救、教学、科研、体检、预防保健等为一体的国家三级乙等医院。

2. 作干村村民就医情况

目前，作干村村民的就医习惯是，患有头疼脑热等小病或不需入院治疗的长期慢性病时，村民一般会选择到卫生室买药或去林川乡卫生院就医。在被调研的病人中，有一半以上的病人都选择自行买药。而在遇到急危重症和疑难复杂疾病时，村民则选择去县上医院或省上的医院治疗。在遇到生病的情况时，被调研的74个患病村民中仅有2人提出没有进行任何治疗，53人自行买药，11人通过门诊治疗，24人住院治疗，没有人进行过急救。遇到不太严重的疾病时选择不进行治疗的村民中，有26人是因为经济困难，3人是因为不重视，4人是因为小病不用医，3人是因为其他原因。贫困户中有更多人认为经济困难是他们选择不采取治疗的原因。

表7-4　2016年作干村村民就医情况

单位：人

人群	买药	门诊治疗	住院治疗
贫困户人口	33	6	18
非贫困户人口	20	5	6
小计	53	11	24

注：患病村民可能同时采取两种以上的就医方式。

表 7-5　2016 年作干村村民不就医的原因

单位：人

人群	经济困难	不重视	小病不用医	其他原因
贫困户人口	21	3	0	2
非贫困户人口	5	0	4	1
小计	26	3	4	3

在买药、门诊治疗和住院治疗的不同就医方法中，贫困户与非贫困户人口存在较为明显的差别，贫困患病人口更多会自行买药和住院治疗。一般情况下，患有高血压等长期慢性病的病人更倾向于自行买药吃，而住院治疗的则是急危重症和疑难复杂疾病。可以说，贫困与疾病之间存在明显的相关关系，更多的贫困户需要买药和住院治疗。

有 2/3 左右的村民开展简单的定期体检。提供答案的 60 户被调研家庭的 213 人中，2016 年参加体检的有 133 人，占 62%。贫困户与非贫困户家庭未参加体验的比例略有不同，前者为 41%，后者为 34%。村民中 7 周岁以下儿童全部接受了计划免疫服务。

三　村民医疗保障体系

1. 青海省贫困村村民医疗保障和救助

根据《青海省医疗保障和救助脱贫攻坚行动计划》，2016~2020 年，青海省实施贫困人口就医"一减七免"、医疗精准扶贫"十覆盖"政策，切实减轻贫困人口就医负担；建立参保专项补助制度，确保贫困人口全部纳入医疗保险范围，充分享受医疗保险待遇；实施贫困人口医疗救助和重特大疾病医疗救助政策，进一步提高医疗救助水平，发挥医疗保障和救助政策的集成优势。

根据"一免七减"政策，建档立卡贫困人口看病就医时普通挂号费免交；住院病人的药费、诊查费、检查费、检验费、麻醉费、手术费、住院床位费减免10%。医疗精准扶贫"十覆盖"，包括贫困人口免费白内障复明手术、资助贫困先天性心脏病患儿手术、棘球蚴病免费药物治疗和手术费用补助、贫困地区孕产妇住院分娩补助、贫困地区育龄妇女补服叶酸、新生儿疾病筛查和儿童营养改善项目、贫困地区免费孕前优生健康检查、贫困地区计划生育免费技术服务、贫困人口疾病应急救助及贫困地区65岁以上老年人健康体检。

青海省人力资源社会保障厅结合贫困人口动态管理的实际，各医疗保险经办机构为贫困人口开通了"参保绿色通道"，被确定为建档立卡贫困人口的随时可以参加基本医疗保险，不受参保时间限制，将贫困人口及时纳入保障范围。建立"一站式"服务，在贫困人口住院享受基本医疗保险待遇的同时，享受大病保险和民政救助。其中基本医疗保险待遇出院即时支付，大病医疗保险和民政救助一月内完成待遇支付，基本解决了贫困人口就医"垫资"问题。

贫困人口医疗救助帮扶力度明显加大。制定了贫困人口重大疾病门诊救助政策和住院救助政策，对贫困人口因恶性肿瘤需放/化疗、慢性肾功能衰竭需肾透析（终末期肾病透析）等重大疾病，在门诊治疗发生的政策范围内费用，按比例给予医疗救助；对贫困人口在定点医疗机构住院发生的医疗费用，经政策减免、基本医保、大病保险报销后，剩余政策范围内或合规医疗费用，不设起付线，按比例给予救助；对患重特大疾病贫困人口在定点医疗机构住院发生的医疗费用，年度内个人承担费用（含自费部分）累计超过3万元以上部分，按比例给予救助。

2. 互助县农村医疗保障体系的完善

近年来，互助县新农合制度进一步完善。先后出台了《互助县新型农村合作医疗与民政医疗救助一站式服务实施方案》《新型农村合作医疗个人参合金委托收缴实施方案》，初步建立了医疗救助"一站式"服务模式和新农合筹资"惠农卡"委托代缴新机制。

《互助县新型农村合作医疗与民政医疗救助一站式服务实施方案》为方便农村弱势群体（低保户、五保户、重点优抚对象）就医，减少其医药费负担，规定按门诊费用和大病医疗救助费用两大分类，提供民政医疗救助金。农村低保对象、农村重点优抚对象的门诊费用为每人每年30元，五保对象的门诊医药费用每人每年为160元。住院医药费用按新农合补偿方案给予常规补偿后，再由民政医疗救助基金给予医疗救助。五保对象的报销按农村医疗救助基数给予全额报销。农村低保对象的报销比例按基数在2000元以下（含2000元）的补助50%,2000~4000元（含4000元）的补助60%，4000元以上的补助70%，最高封顶线 6000 元。重点优抚对象的报销比例为农村医疗救助基数的 80%，省级定点医疗机构最高封顶线 10000 元，县级定点医疗机构最高封顶线 5000 元，乡级定点医疗机构最高封顶线 3000 元。

农村低保户新农合补偿和民政医疗救助后，自付费用仍然超过 5000 元的，民政医疗救助金给予二次医疗救助，救助比例为 5000~10000 元（含 10000 元）按 20%，10001~20000 元（含 20000 元）按 25%，20000 元以上的按 30%，最高补助标准不超过 6000 元。

3. 作干村村民医疗保障

在 60 户被调研农户中，有 49 户家庭有医疗支出，医疗总支出总计达到了 39.2 万元；有 23 户家庭报销了医疗费，报销数额为 14.4 万元，报销后家庭医疗支出总计为 24.8 万元。发生医疗费用的 49 户家庭中，报销后最少的支出了 100 元，最多的支出了 14.7 万元，中间数是 5000 元，均值是 7877 元。有 12 个家庭报销后的医疗支出超出了 10000 元。23 个家庭的报销比例最低为 5%，最高为 60%。医疗费用最高的家庭，2016 年发生了 14.7 万元的医疗费，报销了 7.7 万元，显著缓解了家庭的经济压力。

根据推算，2016 年作干村全村的医疗支出为 125.1 万元，报销了 40.6 万元，报销后家庭医疗支出总计为 84.5 万元报销比例为 32%。

贫困户与非贫困户之间的医疗费用存在明显的差别，贫困户发生医疗支出的户数、医疗费报销户数、报销金额、报销比例、报销后家庭医疗支出金额等，都显著高于非贫困家庭。在 30 户被调研贫困户中，有 27 户家庭有医疗支出，医疗总支出约为 39.2 万元，报销了约 14.4 万元，报销后家庭医疗支出总计约为 24.8 万元，报销比例为 37%。而 30 户被调研非贫困户中，有 22 户家庭有医疗支出，医疗总支出约为 17.2 万元，报销了约 3.5 万元，报销后家庭医疗支出总计为约 13.8 万元，报销比例为 20%。也就是说，贫困户家庭有病的多，报销比率大，但是自费数额也大；或者反过来说，疾病或就医负担是农户重要的致贫原因之一。

表 7-6　2016 年作干村村民医疗保障情况

项目	30 户贫困户	30 户非贫困户	60 户样本户	71 户贫困户	56 户非贫困户	全村
1. 人口数（人）	120	121	241	253	202	455
2. 家庭医疗总支出（元/户）	13073	5749	9411	13073	5749	9843
3. 报销医疗费（元/户）	4797	1160	2979	4797	1160	3193
4. 报销后家庭医疗支出（元/户）	8276	4589	6432	8276	4589	6650
5. 全村医疗总支出（元）	392190	172470	564660	928183	321944	1250127
6. 全村报销医疗费（元）	143910	34800	89370	340587	64960	405547
7. 报销后全村家庭医疗支出（元）	248280	137670	192960	587596	256984	844580
8. 报销比例（%）	37	20	32	37	20	32

村民的医疗支出是一种消费或支出行为，村民的医疗支出为家庭（尤其是有重疾或慢性病病人的家庭）增加了经济负担。但从长期来看医疗支出也是一种人力资本投资：医疗支出在一定程度上都是有益的，能够减轻病痛、增强体质，为家庭和社会提供更健康的劳动力。在目前的医疗保障体系之下，报销后的医疗费用将消耗较大比例的家庭收入，患有重慢性病的病人对家庭产生的经济压力尤为显著。因此，在考虑农村居民福利、扶贫脱贫的过程中，一定要注重疾病的影响，防止因病致贫、因病返贫。

第三节　社会养老

长期以来，青海农村牧区一直延续的是传统的家庭养老，以子女赡养与个人自养相结合为主。随着农村牧区改革的逐步深入，青壮年劳力大量外出务工，传统的家庭养老功能逐步弱化，农牧民的社会养老显得日益重要。2009年，青海省启动了新型农村牧区社会养老保险试点工作，经过一年多时间的努力，2010年底在全省实现了制度全覆盖，比国家要求提前两年。

新型农村牧区社会养老保险是个人缴费、集体补助和政府补贴相结合，基础养老金与个人账户相结合，社会统筹与个人账户相结合，与家庭养老、土地保障、社会救助等政策措施相配套。凡具有青海省农村牧区户籍、年满16周岁（不含在校学生）未参加城镇企业职工基本养老保险的农牧民，均可在户籍地参加新型农村牧区社会养老保险。目前，缴费标准设为每年100元、200元、300元、400元、500元五个档次。参保农牧民可根据经济状况自主选择缴费档次，按年缴费。青海省对参保农牧民缴费按每人每年给予不低于30元的补贴，每提高一个缴费档次增加5元缴费补贴。对参保的重度残疾人，政府为其每年代缴100元养老保险费，同时给予30元的缴费补贴。

参加新型农村牧区社会养老保险，并按规定缴费，年满60周岁、未享受城镇企业职工基本养老保险待遇的农牧民，可按月领取养老金。新型农村牧区社会养老保险制度实施时，已经年满60周岁的农牧民，未享受城镇企业职工基本养老保险待遇以及国家规定的其他养老待遇的，不用缴费，可以直接按月领取基础养老金。

作干村60岁以上老人的占比为13.8%。根据联合国对老龄化社会的传统标准，一个地区60岁以上老人达到总人口的10%即为老龄化社会，可以说，作干村呈现出了一定程度的"未富先老"特征，对村民家庭的自我发展和家庭的养老能力产生了很大的压力。因此，社会养老保障对作干村村民具有非常重要的意义。2016年，作干村60岁以上的老人都获得了政府发放的养老金，总计为116540元。其中，57人获得60岁以上高龄补贴，19人获得70岁以上高龄补贴，3人获得80岁以上高龄补贴。

表 7-7　2016 年作干村社会养老金领取情况

项目	政府补助标准	政府补助人数（人）	金额（元）
60 岁以上高龄补贴	135 元 /（人·月）	57	92340
70 岁以上高龄补贴	800 元 /（人·年）	19	15200
80 岁以上高龄补贴	3000 元 /（人·年）	3	9000
2016 年共发放养老金			116540

根据入户调研结果，目前养老金成为农户心目中最重要的养老途径，子女则是第二大重要的养老途径；个人储蓄和个人劳动并不被农户认为是可靠的养老途径。不过，总体上目前还是只有 55% 的农户认为有养老保障，30%的农户认为没有养老保障，15% 说不清（见表 7-8）。

表 7-8　2016 年作干村农户对养老途径得分的评价

项目	养老途径得分					是否感觉有保障
	子女	个人积蓄	养老金	个人劳动	其他	
调研家庭回答得分	0.55	0.27	0.73	0.12	0.02	55% 认为有，30% 认为没有，15% 说不清

注：调研家庭回答得分，养老途径的得分越低，说明农户认为该途径的重要性越小。

第四节　危旧房改造与扶贫

2016 年，青海省住房城乡建设厅和省财政厅联合下发了《关于下达 2016 年全省农牧民危旧房改造任务和资金计划的通知》。当年，全省新建农牧民危旧房改造 6.5 万户，危旧房改造补助标准为户均 2.5 万元，其中中央补助户均 0.85 万元，省级补助户均 1.35 万元，地方配套户均 0.3 万元。

互助县实施农村困难群众危房改造工程，主要目的是改善农村群众居住条件，逐步提高生活质量。农村危房改造补助对象主要为居住在危房中的建档立卡贫困户、低保户、农村分散供养特困人员和贫困残疾人家庭四类重点对象；优先考虑高原美丽乡村建设、易地扶贫搬迁、贫困山区及边远山区农户的住房困难；统筹考虑各乡（镇）村实际，对少数因家庭经济窘迫、无力承担自筹建房资金而放弃改造机会或被搁置下来的困难群众的危房；倾斜因灾因病致贫群众的住房建设安排。

建设方式以农户自建为主，只可与易地扶贫搬迁住房项目、建设高原美丽乡村相结合。全县农村住房户均建筑面积原则上不低于 50 平方米。补助标准为户均 2.5 万元（中央补助户均 0.85 万元，省级补助户均 1.33 万元，县级配套户均 0.32 万元）；对五保户和重度残疾人家庭适当提高补助标准，对农村低保、重点优抚对象每户按 2.5 万元标准补助；对一般残疾人家庭按 2.2 万元标准补助；对因灾倒房的贫困灾民户和一般户、与易地扶贫搬迁项目相结合的整体搬迁户按 1.8 万元标准补助；一般群众继续按照 2013 年奖励性住房建设户均奖补 1.7 万元（中央补助户均 0.85 万元，省级补助户均 0.75 万元，县级配套户均 0.1 万元）。2016 年，作干村共有 9 户家庭获得了政府的危旧房改造补助，共计 18.3 万元。

表 7-9　2016 年作干村危旧房改造

危旧房改造	补助对象	补助标准 （元/户）	补助户数 （户）	补助金额 （元）
标准一	一般户	17000	6	102000
标准二	农村低保、重点优抚对象	25000	1	25000
标准三	五保户和重度残疾人家庭	28000	2	56000
合计	—	—	9	183000

作干村村民还获得了其他的国家救助政策，比如困境儿童（残疾）和临时救助等。困境儿童救助由 2 人获得，各为 1800 元。临时救助由 3 人获得，各为 4000 元。

作干村村民获得的国家救助扶助金详见表 7-10。

表 7-10　2016 年作干村国家救助情况

项目	补助标准	补助人数 （人、户）	补助面积 （亩）	补助金额 （元）
五保户	4773 元/人	4		19092
一般贫困户	400 元/人	219		87600
低保贫困户	2016 元/年	—		—
低保户	2500 元/年	18		45000
小计				132600
1、2 级残疾人补助	2400 元/人	12		28800
3、4 级残疾人补助	1200 元/人	7		8400
小计				37200
60 岁以上高龄补贴	135 元/（人·月）	57		92340
70 岁以上高龄补贴	800 元/（人·年）	19		15200
80 岁以上高龄补贴	3000 元/（人·年）	3		9000
粮食直补	90.3 元/亩	—	1711.45	154544
小村补助	40000 元/村	—		40000

项目	补助标准	补助人数 （人，户）	补助面积 （亩）	补助金额 （元）
贫困户互助资金	—	—		500000
危房改造标准一	17000 元 / 户	6		102000
危房改造标准二	25000 元 / 户	1		25000
危房改造标准三	28000 元 / 户	2		56000
小计		9		183000
雨露计划	1800 元 / 人	1		1800
	5000 元 / 人	1		5000
小计		2		6800
临时救助	4000 元 / 人	3		12000
困境儿童（残疾）	1800 元 / 人	2		3600

第五节　村民社会保障与精准扶贫

我国的扶贫工作已经进入了开发扶贫和救助扶贫"两轮驱动"的新阶段，在通过扶贫促进发展的同时，积极利用村民社会保障制度对贫困人口提供生存的兜底保障，主要救助因病残、年老体弱、丧失劳动能力及生存条件恶劣等原因造成生活常年困难的农村居民，以及一些需要大量教育投入的在校生。

社会保障制度与精准扶贫之间的联系日益紧密，主要体现在以下几个方面。

第一，体现在医疗保险制度。自 2016 年起，国家卫生计生委出台了针对贫困地区的健康扶贫政策，提出"三覆盖"制度，即新农合、大病保险和重特大疾病医疗救助三项对农村贫困人口实现全覆盖。在国家政策的推动下，青海省认真落实扶贫医疗保障和救助脱贫行动计划，确保全省贫困人口全部纳入基本医疗保险范围，农村贫困人口全部纳入重特大疾病医疗救助范围，确保农村贫困人口得到基本医疗保障。

第二，体现在养老保险制度方面。2016年国家人力资源和社会保障部发布了《关于在打赢脱贫攻坚战中做好人力资源社会保障扶贫工作的意见》，要求探索建立政府或集体按最低缴费档次为贫困人口代缴全部或部分养老保险费的机制。青海省于2016年启动了新型农村牧区社会养老保险试点工作，规定具有青海本省农村牧区户籍、年满16周岁（不含在校学生）、未参加城镇职工基本养老保险的农村牧区居民，可以在户籍所在地的县自愿参加新农保。新农保基金由个人缴费、集体补助和政府补贴构成。对重度残疾人地方政府每人每年按最低缴费档次100元给予全额代缴。年满60周岁及以上的村民按月领取养老金。

对两个村庄的调研发现，农户普遍参加了新农合和新农保，按照相关政策获得了医疗费用报销和养老金资助，贫困人口得到了基本医疗保障，60岁以上老人有了稳定的养老金收入，大大提高了村民尤其是贫困村民的生活保障。不过，一些有重病和长期病人的家庭，其医疗费仍然是一笔巨大的支出，造成了贫困家庭的生活困难和债务积累，对家庭的脱贫和长期建设产生了巨大的压力。

第八章

村庄精准扶贫精准脱贫情况

第一节　贫困状况及成因

　　根据村庄调研和国家变化趋势，近年来调研村庄的贫困状况及贫困成因发生了较大的结构性变化，从生存贫困转化为收入增长缓慢、家庭支出增加的相对贫困。从人均粮食产量、农户住房条件和人均年现金收入等贫困深度的基本生活指标来看，农村贫困已不再是缺衣少食的生存贫困。随着国家对贫困农户扶贫措施的力度加大，低保、养老金保障等制度不断完善，贫困农户家庭生活水平得到改善，收入型贫困已不像之前那么突出；支出型贫困的问题日益突出，家庭成员因重大疾病、突发事件等原因产生的刚性支出，使家庭财力支出远远超出承受能力而造成生活

第八章
村庄精准扶贫精准脱贫情况

贫困。

贫困成因也产生了一定的变化。以往的一些贫困成因如基础设施、农业生产方式和教育成本等因素不再是贫困的主要原因。在基础设施方面，多年来国家的基础设施建设也极大地改变了贫困村的基础设施条件，村庄的水、电、路和通信设施基本齐全，为村庄与外界的商品、信息交换提供了必要的条件。在农业生产方式方面，调研村庄的农户家庭的作物种植和大部分养殖生产主要是为了满足家庭的消费，只有很少一部分在市场销售；农作物种植方式差别不大，每个家庭用于种植的时间长度相同，小型拖拉机等农业机械器具的拥有率也比较高，在贫困户与非贫困户之间不存在显著的种植业生产方式与收入差距。从种子、化肥、农药和农用机械等生产投入来看，贫困农户亦能够保障基本的生产投入，需要时能获得政府的扶持。少部分从事养殖业的农户，虽然养殖规模和水平不同，但都能显著提高农户收入。总体上，农业生产方式与贫困发生的相关性减弱。教育成本也不再是农村家庭贫困的一个重要原因。随着我国教育扶贫政策的日益广泛深入，九年制义务教育不再对农户造成负担，高中和大学教育也得到了"雨露计划"等政府资助的大力扶持，教育导致农户贫困或返贫的事例减少。

恶劣的自然环境、资源条件和区位条件依然是贫困长期持续存在的历史性成因。清末以来，随着河湟地区人口的增加、生产方式的变化、人口压力增加，垦殖面积扩大，垦殖范围从河谷地区向浅山和脑山坡地扩展，河湟地区生态环境产生了显著的退化；加上河湟地区处于青藏高原与黄土高原的过渡地带，同时具有黄土高原和青藏高原地区所特有的气象和地质特征，导致自然生态系统脆弱，自然灾害频繁，生态环境恶化严重。历史上遗留的这些对居民生存不利的自然、经济与社会因素，加之农业生产水平低，等等，是河湟地区一些村庄尤其是浅山脑山地区的村庄持续贫困、农民生活艰苦、相当一部分人仍处在贫困状态的历史性原因。这些历史性的致贫原因很难在短期内完全克服，调研村庄也是同样的情况。作干村存在土地资源和水资源匮乏的情况，自然灾害尤其是雹灾频繁发生。随着村庄人口的增加，人均耕地占有量不断减少；随着化肥农药的不断使用，耕地土壤品质不断下降。地处偏远的位置，对村民外出务工尤其是在当地打零工造成了较大的障碍。这些都是作干村历史性的致贫原因。

家庭结构也依然是重要的致贫原因。家庭人口"两多一少"（即人口数量多、病号尤其是长期重病患者多，劳动力少）、家庭劳动力"两低一少"（占人口比重低、文化程度低，参加农业科技知识培训少）的结构，制约了农村贫困户开展多种经营和多渠道就业，影响了农户的收入水平。不利的家庭结构导致家庭的抗风险能力弱，很难在现有资产水平上迅速提高收入和积累，改变这种被动状态。

总体来看，贫困农户的主要致贫原因可分为两个方面。一方面与自然资源、环境和区位条件有关，是典型的环境因素；另一方面则与家庭结构密切相关，是典型的内部因素。要改变一个村庄的自然资源、环境和区位等因素是非常困难的，家庭结构短期内也较难改变。这两种主要致贫因素相结合，大大增加了当前扶贫工作的难度和成本。针对环境因素的扶贫措施如易地搬迁等的社会成本高，需要政府的大量投入和扶持。针对内部因素的手段则主要依赖于社会救助和社会保障等，与整个社会尤其是农村地区的总体救助与保障水平密切相关。

第二节　扶贫难度

经过 30 多年的努力，我国扶贫工作已进入了啃"硬骨头"的阶段，减贫难度越来越大；青海省则面临着"硬骨头"中的"硬骨头"。作为一个集西部欠发达地区、高原地区、民族地区和特困地区等特征于一体的省份，青海省贫困人口绝对数量并不算多，但是贫困发生率高出全国平均水平近 1 倍。2011 年，全省贫困发生率高达 36.6%，相当于不到 3 户就有 1 户贫困户，46 个县（市、区、行委）中贫困县多达 39 个。在国家划定的 14 个集中连片特困地区中，青海有 40 个县市位于六盘山和青海藏区的片区。2014 年起，青海与全国同步完成了贫困人口的精准识别和建档立卡工作；实施产业扶贫、易地搬迁、教育扶贫、金融扶贫、旅游扶贫、电商扶贫等措施，加大了扶贫力度，贫困发生率下降至 2017 年的 8.1%，5 年共减少贫困人口近百万人。

海东市是国家六盘山片区区域发展与扶贫攻坚重点地区。"十二五"时期，海东市通过落实整村推进项目、易地搬迁项目、产业扶贫及示范村建设项目等，贫困人口由 2011 年的 73.9 万人减少到 2014 年的 49.1 万人。2015年，海东市通过精准识别，重新确定了 400 个贫困村、5.6万个贫困户、21.8 万个贫困人口，占海东市人口的比重为12.2%；2016 年海东市年减少贫困人口 4 万人，贫困人口下降到了 13.8 万人。海东市贫困人口基数大，贫困面广，且大多分布在边远、深山地区，交通极为不便，扶贫工作也已进入最艰难的攻坚阶段。

互助县则既是一个省定贫困县，又是六盘山集中连片特困地区县区之一。按照国家新的扶贫标准，2017 年全县确定了建档立卡贫困村 118 个，精准识别贫困户 13796 户48523 人，贫困村占比为 40.1%，贫困户占比为 15.8%，贫困发生率为 14.1%。林川乡的贫困户占比和贫困发生率则接近于互助县的平均水平，按照"十三五"时期的脱贫目标，脱贫攻坚任务依然比较严峻。

第三节　精准识别

精准识别是精准扶贫工作的重要内容。按照"农户提出申请、村级民主评议、入户开展核查、村镇公示、县级公告"的建档立卡精准识别程序，精准识别贫困对象。在具体操作过程中，首先是采用直观的方法，"先看房，次看粮，再看学生郎，还要看技能强不强，最后看有没有残疾重病躺在床"。这是青海各级干部深入贫困地区调查摸底总结出的一套对贫困户把脉问诊的"五看法"。

在直观调研的基础上，互助县对村干部和驻村干部开展了精准扶贫的专项培训，制定了指标详细、标准量化的建档立卡贫困户评定"八个不准"要求：住房条件且装修水平、家用设备明显高于本村平均水平的农户；在县城或市区购买住房（含自建房）、商铺等房地产的农收户（易地搬迁、产业扶持购买商铺的除外）；家庭成员有经营公司或其他经济实体的农牧户；现拥有价值在5万元以上（含5万元），且能正常使用的非生产经营性面包车、轿车、越野车、卡车、重型货车、工程车等之一的农牧户；现有家庭成员中有在国家机关、事业单位工作且有正式编制（含离退休干部职工）的农牧户，或有在国有企业和大型民营企业工作相对稳定的农牧户；全家外出务工三年以上，且家中长期无人回来居住的农牧户；家庭成员具有健康劳动能力和一定生产资料，又无正当理由不愿从事劳动的，因吸毒、赌博等违法记录导致生活困难的农牧户；户籍虽然在农村，但实际长期不在农村生产生活的农牧户，或明显进行拆户、分户的农牧户。贫困户经评定后，还需本人签字、社长签字、村干部签字和驻村第一书记签字，方可确认。

在评定过程中也存在个别贫困户识别不精准的问题。根据 2017 年 3 月审计署核查反馈情况，作干村建档立卡贫困户中未出现财政供养人员、贫困户购买 10 万元以上车辆、年收入大于 3.6 万元、低保未纳入等现象，但自查出 1 户贫困户结婚陪嫁 1 辆吉利轿车的情况后，该贫困户已按贫困户纳入、退出程序，及时进行了动态调整，取消其贫困户资格。

在评定过程中不可避免地会出现村民之间的矛盾。针对这一点，驻村工作组与村两委做了细致的工作，一方面利用村规民约，引领村民保持纯朴的民风；另一方面，客观公正地做好精准识别，认真开展村重点人员与村矛盾纠纷排查工作，对个别村民进行教育帮扶，以免生是非，不因极个别村民的意见不一致而影响整个村的各项工作及经济发展，把矛盾纠纷解决在萌芽状态。

根据相关文件政策规定，同时满足以下两条标准的村民，才能被确定为扶贫对象。第一，持有作干村常驻户口并长期在村内居住的村民（不含已移居至其他地区 3 年以上的村民）；第二，共同生活的家庭成员人均年收入低于 3380 元。按照国家新的扶贫标准和相关文件政策规定，在扶贫驻村干部、扶贫驻村工作队的协助下，2016 年作干村识别确定了精准识别建档立卡贫困户 71 户 253 人，实际贫困户为 71 户，实际贫困人口为 255 人，贫困户占比为 55.9%，贫困发生率为 50.8%。作干村的贫困户占比和贫困发生率远远高于互助县 11.5%（2016 年底数据）和青海省 8.1%（2017 年底数据）的水平。根据青海省精准脱贫信息化服务平台（http://www.qhjzfp.net）有关作干村的

第八章
——
村庄精准扶贫精准脱贫情况

信息，致贫原因主要是由于交通落后、缺资金、缺劳力、缺技术、上学、残疾、患病、缺乏劳动力等。

2017 年，作干村建档立卡贫困户发生了动态变化，有 4 户贫困户脱贫，有 1 户贫困户（单身）死亡，新增了 1 户建档立卡户。数据更新后，2017 年作干村有精准识别建档立卡贫困户 66 户、225 个贫困人口。

根据作干村精准识别贫困户和贫困人口的实践，可以说，现在对村庄贫困度判断的实践，正在向多维判断进一步转变。在判断贫困程度时，以往受数据采集和对贫困概念认识的局限，人们往往从收入和财产的角度来分析贫困问题。实际上，现在家庭对教育、医疗卫生、社会保障等服务的需求日益增加，家庭间购买这些服务的刚性支出存在明显的差异，对一个家庭的贫困度或丰裕度产生了显著的影响，产生了支出型贫困现象；收入和财产不再是判断农户家庭丰裕度和判断贫困度的唯一指标。村庄调研发现，县乡村干部和普通村民也采用了较全面的收入、财产和健康的多维度指标来评判一个家庭是否为精准扶贫的对象，比如一个家庭是否拥有民用车辆、是否有慢性病人或危重病人、是否有充分的劳动力等容易掌握和判断的指标，补充了收入指标的判断，增加了贫困度鉴定的公开、公平程度，提高了村民对贫困户鉴别结果的接受度。根据对作干村的入户调研，对"本村贫困户选择是否合理"这一问题，贫困户平均打分为 1.4 分，回答介于"非常合理"与"比较合理"之间。非贫困户平均打分为 2.89 分，回答介于"比较合理"与"一般"之间。贫困户和非贫困户都认可本村贫困户选择的合理性；当然贫困户的认可度更高，这也是情理之中的。

第四节　精准服务和精准管理

互助县在贫困户建档立卡的基础上，完善和充实了精准扶贫信息化服务平台，该平台隶属于青海省建立的精准扶贫大数据平台（网址为 http：//www.qhjzfp.net）。该平台数据库由整体进度、区域统计、人口统计、扶贫记录、专题地图、后台系统等6部分组成，贫困户详细信息包括基本情况、生产生活条件、现状照片、因户施策、扶贫项目、主动服务等6个方面。管理者可以借助此平台，随时了解贫困户的家庭现状和脱贫情况，准确采集并实时掌握贫困户的基本信息，包括人口信息、户均收入和来源、致贫原因、耕地面积、主要种养殖情况及基础设施情况等；并基于对贫困户和贫困人口的对象分布、致贫原因、健康状况、教育程度等情况的全面分析，实现基础数据管理、动态监测、数据统计、监督管理、在线指挥等五大功能；还可以通过手机向贫困户推送扶贫政策、技术指导，以及提供科技、气象、就业等信息。互助县委托技术支撑单位对各乡镇主要负责人、扶贫专干、驻村第一书记及相关录入人员就平台基础信息、信息录入方法、基础数据分析、系统使用和管理等内容进行了详细讲解和培训。

互助县运用《扶贫手册》和《贫困户精准管理手册》，提高扶贫管理效率。《扶贫手册》由国务院扶贫办统一监制，各县负责制发，在贫困户精准识别基础上，对建档立卡贫困户进行填写发放，每户填写两份，其中村存档一份，贫困户保管一份。《扶贫手册》填写内容包括家庭基本情况、致贫原因、帮扶责任人、帮扶计划、帮扶措施和帮扶成效等 6 个方面内容。《扶贫手册》中包含的各项政策、补助发放条件、标准、程序等内容，为贫困户了解各项扶贫政策提供了便利，能够让扶贫人员根据实际情况为贫困户厘清发展思路。

作干村驻村干部和村两委干部在扶贫精准服务和精准管理方面做了大量的工作。一是实现贫困村和贫困户基本信息动态化、数字化、常态化管理，确保各项数据资料的真实性和一致性。改进精准扶贫管理手册填写不规范的问题，确保内容填写符合实际、逻辑关系正确。对建档立卡信息进行核查和梳理，对贫困户纳入和退出及时进行动态调整，及时对大数据平台信息开展更新、补录工作。二是筹建了村级标准化扶贫档案室，对涉及精准扶贫工作的精准识别、贫困户基础信息、贫困户脱贫、专项资金管理等档案资料进行梳理归整。三是建立健全了档案管理制度，将业务、财务档案管理作为一项重要内容列入村日常工作计划，并指派专人负责档案建立、管理工作，确保档案安全完整。驻村干部和村两委干部为精准扶贫的信息化精准服务和精准管理付出了大量的精力和时间。

第五节 作干村精准扶贫主要措施

在政府的扶持下，作干村实施了大力度的扶贫脱贫措施。2017 年，作干村共有 67 户贫困户 239 人，其中，低保兜底 1 户 3 人，资产收益 11 户 29 人。其余 55 户 207 人为发展产业户，其中，运输业 2 户 9 人，开商铺 6 户 24 人，种植业 3 户 11 人，养殖业 31 户 110 人，种养殖业 13 户 53 人。2017 年 7 月，经扶贫驻村工作队、村两委成员入户调查、核实，28 户 99 人的产业发展项目正在实施，并向乡政府申请拨付第一批产业发展项目资金，计为 213840 元。以下是各种扶贫措施的具体实施情况（易地扶贫搬迁的实施情况在第九章讲述）。

一 协助基础设施建设

驻村工作队积极帮助作干村协调和争取多个渠道的项目资金，完善新村的基础设施建设。2016 年，实现硬化村内道路 5 公里（宽 2.5~3.0 米，厚 20 厘米），解决村民出行的问题；维修整治村委会经北梁至东山机耕道 3 公里；在贺尔村至东和乡的过村公路边（村西头）、三社春萍商店南侧修建了垃圾集中收集点 2 个；协助、指导村委会重新修建了村两委办公用房及村卫生室。

二 产业扶贫

产业扶贫的对象是那些有劳动能力、有扩大再生产的期望、有宽余场所能够发展生产的村民。作干村贫困户产业项目扶持资金每人 5400 元，建档立卡贫困户产业发展分别是入股分红 11 户 29 人（资金投入互助北山旅游集团，每年按 10% 即 540 元红利分发，5 年返还本金），种植药材（当归）3 户贫困户 11 人，种养殖 13 户 53 人，搞运输 2 户 9 人，开商铺 6 户 24 人（小卖铺 3 户、小吃店 1 户、饭馆 1 户，电焊铺 1 户），发展养殖 31 户贫困户 110 人、非贫困户 60 户 259 人，主要是牛羊养殖。

发展种植业的农户，有的规模比较大就租种闲置耕地。引进当归等特色中药材品种，33 户种植当归达到 69 亩；结合地域优势发展云杉、碧桃等苗木种植 40 亩。

对有养殖意愿的农户，村干部带头成立"坚必成农民养殖专业合作社"，带动其他农户发展养殖产业，为农户开辟新的创收途径。截至 2017 年，全村有 34 户（125 人）贫困户通过购买藏系羊繁育、购买仔猪育肥等方式拓宽养殖渠道，其他非贫困户通过全员参与仔猪育肥等产业增加收入。

充分利用好乡政府广场周围商铺，鼓励有能力的农户通过购买或租赁商铺，发展如小商店、饭馆等形式的个体农贸和服务业，拓宽创收渠道。共有 8 户（33 人）贫困户通过开菜铺、商铺等方式，带动发展第三产业，增加收入。

不过，产业扶贫项目发展还是存在一些困难。受到地区条件的限制和贫困户家庭情况变化影响，贫困户产业扶持项目进展不平衡。贫困户中"等、靠、要"思想仍然存在，主动脱贫的意识不强。另外，缺少致富带头人和辐射带动能力强的龙头企业，后续产业选择面狭窄。

三　金融扶贫

　　作干村已基本建立健全了互助社，村贫困户互助资金为 50 万元，目前正常运行且已发挥作用。截至 2017 年上半年，村互助社入社户数 46 户，入社自筹资金 2.3 万元，共借出资金 52 万元。扶贫产业中，有 38 户发展养殖业，2 户发展种植业，9 户是种植业和养殖业一起发展，2 户发展运输业，5 户开商铺，还有 11 户进行投资分红。建档立卡贫困户投资分红是一种金融扶贫方式，其运作方式是将资金投入互助北山旅游集团，每年按 10% 即 540 元红利分发，5 年返还本金。

　　作干村的金融扶贫模式是对十八大五中全会提出"对贫困人口实行资产收益扶持制度"的具体实践。该模式利用财政专项扶贫资金或支农资金、贫困户或村集体所拥有的土地、旅游及劳动力资源等作为贫困人口的股金，参与专业大户、家庭农场、农民合作社等新型经营主体和龙头企业、产业基地的生产经营和收益分红，增加贫困人口的财产性收入。这种金融扶贫模式还处于初步摸索的阶段，因此还存在不确定性。项目能否持续成功运营直接关系到入股贫困户的收益，也关系到国家扶贫资金的使用效率。

四 扶贫措施与效果的村民评价

根据对作干村的入户调研，对"本村贫困户选择是否合理"这一问题，贫困户平均打分为 1.4 分，回答介于"非常合理"与"比较合理"之间。非贫困户平均打分为 2.89 分，回答介于"比较合理"与"一般"之间。贫困户比非贫困户更加认可本村贫困户选择的合理性。

作干村调研户对"政府为本村安排的各种扶贫项目是否合理"这一问题，贫困户平均打分为 1.3 分，回答介于"非常合理"与"比较合理"之间。非贫困户平均打分为 2.89 分，回答介于"比较合理"与"一般"之间。贫困户比非贫困户更加认可本村各种扶贫项目的合理性。

作干村调研户对"本村扶贫效果的评价"，贫困户平均打分为 1.6 分，非贫困户平均打分为 2.3 分。贫困户比非贫困户更加认可本村扶贫项目的效果。

总体上，贫困户与非贫困户相比，更加认可贫困户选择和扶贫项目的合理性，对扶贫项目的效果认可度更高。

第九章

易地扶贫搬迁专题

易地扶贫搬迁是通过有序的人口转移实现城乡统筹发展的一个重要途径。改革开放以来，农村经济社会发展和农民生活水平得到了快速的提高，但是部分地区尤其是西部生态脆弱贫困地区，与其他地区还存在较大差距，与全面建设小康社会水准也有很大的差距。易地扶贫搬迁采取迁村并点或者移民新村的方式，对那些生活环境恶劣、自然条件艰苦的一些乡村聚落进行有机地整合，通过建设"现代新型农村社区"，实现中心村人口集聚，改善城乡聚落环境，充分利用中心村的区位优势，促进人力资源的充分高效利用，从根本上解决农村人口转移出现的土地流转、子女上学、农民工社保、农民工就业等一系列问题，是西部生态脆弱贫困地区村庄彻底脱贫致富的一项重要出路。

从 2001 年开始，国家发展改革委安排专项资金，在全国范围内陆续组织开展了易地扶贫搬迁工程，通过中央安排易地扶贫搬迁补助投资，地方统筹中央财政专项扶贫资金、扶贫移民、生态移民、避灾搬迁等资金，在中央和地方的共同努力下，全国已累计搬迁 1200 万人以上。通过实施易地扶贫搬迁工程，我国建设了一大批安置住房和安置区水、电、路、气、网等基础设施，以及教育、卫生、文化等公共服务设施，改善了贫困地区生产、生活条件，推动了贫困地区人口、产业集聚和城镇化进程；引导搬迁对象发展现代农业和劳务经济，大幅提高收入水平，加快了脱贫致富步伐；改变了搬迁对象"越穷越垦、越垦越穷"的生产状况，遏制了迁出区生态恶化趋势，实现了脱贫致富与生态保护"双赢"。根据《全国"十三五"易地扶贫搬迁规划》，"十三五"时期，我国将加快实施易地扶贫搬迁工程，通过"挪穷窝""换穷业""拔穷根"，从根本上解决约 1000 万个建档立卡贫困人口的稳定脱贫问题。

与以往相比，新一轮易地扶贫搬迁面临着前所未有的挑战。一是搬迁任务繁重艰巨，建档立卡贫困人口的搬迁数量在中外历史上前所未有，时间紧迫，任务艰巨。二是安置资源约束日益凸显，适宜安置的水土资源匹配条件、选址空间日益受限。三是目前尚未搬迁的贫困人口，生存环境和居住条件更为恶劣、贫困程度更深。四是工程实施难度更大，既要精心组织做好安置住房、配套水电路气网等基础设施和教育、卫生、文化等公共服务设施建设，还要推进产业培育、就业培训等后续发展工作。

青海省计划在"十三五"规划第一年即 2016 年搬迁安置 2.13 万户、7.76 万人。作干村作为其中一个重点实施易地扶贫搬迁、精准扶贫精准脱贫的脑山贫困山村，对其具体实践进行调研分析，对于今后我国易地扶贫搬迁政策的制定和实施将具有一定的指导意义。

第一节　青海省易地扶贫搬迁总体情况

易地扶贫搬迁从根本上解决居住在"一方水土养不起一方人"地区贫困人口的脱贫发展问题。根据《全国"十三五"易地扶贫搬迁规划》，我国易地扶贫搬迁的对象主要是"一方水土养不起一方人"地区经扶贫开发建档立卡信息系统核实的建档立卡贫困人口，约 981 万人。迁出区域范围涉及 22 个省的约 1400 个县。迁出区域主要包括四类地区：一是深山石山、边远高寒、荒漠化和水土流失严重，且水土、光热条件难以满足日常生活、生产需要，不具备基本发展条件的地区。二是《国家主体功能区规划》中的禁止开发区或限制开发区。三是交通、水利、电力、通信等基础设施，以及教育、医疗卫生等基本公共服务设施十分薄弱，工程措施解决难度大、建设和运行成本高的地区。四是地方病严重、地质灾害频发地区。考虑到迁出区的自然环境和发展条件具有同质性，还有部分生活在同一迁出地的非建档立卡人口也需要实施同步搬迁。

经过20多年的实践，青海省已经形成了完善的易地扶贫搬迁政策和实施体系。青海省从1997年开始实施易地扶贫搬迁，至2016年累计投入资金18.9亿元，搬迁安置困难群众54402户24万多人，改善了搬迁群众的生产生活条件，拓展了发展空间，拓宽了增收渠道，改善了当地的生态环境，加快了脱贫致富的步伐。2016年，根据青海省委、省政府《关于打赢脱贫攻坚战提前实现整体脱贫的实施意见》（青发〔2015〕19号），制订了《青海省易地搬迁脱贫攻坚行动计划》。该计划对青海省易地搬迁脱贫攻坚行动的对象范围、目标任务、安置方式、建设内容及补助标准做出了详细的规定，全省各地的易地搬迁工作均按照该办法执行。

青海省易地搬迁脱贫对象主要为建档立卡易地搬迁贫困户，和因地质灾害、生态环境脆弱、生产生活条件恶劣，确需与建档立卡贫困户同步整村整社搬迁的非建档立卡户。目标任务是2016~2019年在8个市（州）、38个县（市、区）、279个乡（镇）、1234个村实施易地扶贫搬迁项目，搬迁安置农牧户52480户、200067人，搬迁安置贫困人口将占全省总贫困人口的38.5%。

安置区域和模式主要有三种，根据县城、乡镇、中心村人口承载能力，在充分尊重搬迁群众意愿的基础上科学选择。一是集中安置，包括行政村内就近安置、建设新村集中安置、小城镇或工业园区集中安置和乡村旅游区安置等四种情形。二是自主安置,主要是依托安置区已有基础设施、公共服务设施,由搬迁户自行购置农牧区现有的闲置庄落房屋安置。三是投亲靠友,主要是引导搬迁对象通过进城务工、投靠亲友等方式自行安置。

对于集中安置的,住房建设标准为户均 80 平方米,并配备大门、围墙等。配套基础设施建设主要包括给排水、道路、供电、通信网络、环卫等,确保安置区环境优美、配套齐全、秩序良好、功能完善。基本公共服务设施要保障搬迁群众享受基本公共服务均等化,完善搬迁安置区教育、卫生、文化、体育等基本公共服务设施。推进村庄道路、水体沿岸和庭院绿化,实施植树造林实现村庄周边和住宅绿化美化,使安置区绿化率不低于 30%。为集中安置区新建标准化卫生室,按照业务用房面积不低于 60 平方米建设,完善基本医疗器械。综合活动场所可与基层政权业务用房合并建设,具备安置区文化、科技、体育活动、就业指导和劳务服务等功能。每个安置区综合活动用房建筑面积不低于 200 平方米,硬化文体活动广场不低于 1000 平方米。

迁出区生态恢复由国土、林业、农牧等部门负责,在迁出区实施退耕还林、宅基地复垦及整理、安置区绿化等生态环境恢复工程。结合国家新一轮退耕还林政策及重大生态工程,加强迁出地生态保护和恢复。对 25 度以上坡耕地、严重沙化耕地实施退耕还林,条件较好地区发展经济林。凡是实施易地扶贫搬迁的农牧民,签订原宅基地复垦协议，拆除旧房、退出宅基地。对整村整社搬迁的农牧民原宅基地实施复垦。零散搬迁户的零星宅基地和不具备复垦条件的其他宅基地，转化为农村建设用地。

对易地搬迁的村民，其补助标准分为建房补助和基础设施补助。建房补助是给建档立卡贫困户按户补助，集中安置的西宁市、海东市每户补助 8 万元，自主安置的每户一次性补助 10 万元，整村整社同步搬迁的非建档立卡户，西宁市、海东市每户补助 4.5 万元（含农村危房改造资金 2.5 万元）。基础设施则分别按人均或工程量给予补助。供排水工程按每人 2000 元、排水渠按每公里 2 万元、污水处理小型站按每立方米 1 万元。供电工程按 10 千伏供电线路每公里 15 万 ~18 万元、380 伏 /220 伏供电线路每公里 12 万 ~15 万元补助，具体依据实际情况确定造价。道路工程按安置区主干道和对外连接道路每公里 20 万元、宅间道按每公里 12 万元的标准补助。通信网络设施按每公里通信光缆 1.5 万元标准补助。环卫设施中公厕按每座 2 万元、垃圾收集斗（箱）每个 4000 元、垃圾运转车每辆 3 万元标准补助。

为充分调动搬迁安置群众的积极性，落实搬迁安置群众的主体责任，建档立卡户每户自筹建房资金 1 万元，非建档立卡户每户自筹建房资金 3.5 万元。群众自筹有困难的，可由地方政府协调申请银行贷款，省财政予以贴息。

第二节 互助县易地扶贫搬迁情况

"十二五"以来互助县开展了易地扶贫搬迁工作，积累了丰富的经验，取得了较为显著的成绩。"十二五"期间，共整合扶贫专项资金、行业整合资金及群众自筹资金等近 4.35 亿元，新建移民安置新村 33 个，对 33 个村社的 4546 户、20410 人实施了易地扶贫搬迁。在易地扶贫搬迁工作中，互助县积极整合新农村、交通、水利、农业、畜牧、扶贫等项目资金，争取水、电、路等配套设施一次到位、高标准投资建设，解决了贫困边远村庄行路难、饮水难、住房差等问题。通过易地搬迁项目实施，村民告别了恶劣的生存环境，生产、生活条件也得到了明显改善，搬迁后村民通过规模养殖、劳务输出、商贸流通、发展设施农业等拓宽了收入渠道。

进入"十三五"以后，互助县按照"三年集中攻坚，两年巩固提高"的分步目标，积极整合各类涉农资金，2016 年累计投资 1.4 亿元，对林川、哈拉直沟、五十、丹麻 4 个乡镇的里外台、班彦、作干等 5 个村实施了贫困群众易地扶贫搬迁项目。截至 2016 年底，各搬迁村的房屋、围墙、大门等建设已全面完工。

2016 年 8 月 23 日，习近平总书记专程考察了互助县五十镇班彦村的易地扶贫搬迁新村建设情况。班彦村山大沟深、交通不便，五社和六社的 100 多户人家零散分布在山梁沟坡间，长期喝窖水，种庄稼十年九旱。班彦村易地扶贫搬迁项目实施后，大山深处的贫困村民将住进山下的易地扶贫新村，山上的耕地继续种小麦、油菜、马铃薯等口粮，新居院里有牲畜养殖区，还可以种菜，年轻劳动力参加政府组织的烹饪、电焊等技能培训可外出打工，使村民们能够"搬得出、稳得住、易地搬迁能致富"。在新村建设工地，看到新居的院子里两个水桶装上了自来水，习近平总书记指出，新村水、电、通信都方便了，希望乡亲们日子越过越好；一定要把易地移民搬迁工程建设好，保质保量让村民们搬入新居。大家生活安顿下来后，各项脱贫措施要跟上，把生产搞上去。①

2016 年以来，互助县制定了《互助县易地扶贫搬迁项目管理制度》，成立了易地扶贫搬迁工作组，明确了乡（镇）包规划、包协调、包进度，村两委包管理、包具体事务，村民监督小组包施工环节、包监工的"三级三包"制。坚持"群众自建、政府监督"的原则，落实了项目各环节的责任主体和职责。工程建筑材料由施工单位提供产品的合格证明，并经乡（镇）易地扶贫搬迁领导小组认可并签字后方可使用。要求签订合同规范，双方权力责任明确，施工期限清楚，按施工期限完成任务。通过管理制度，对易地搬迁项目的全程进行严格监管，确保工程质量、项目资金安全使用，做到让贫困群众满意入住。

① 《习近平青海考察回访：亲历者披露暖心细节》，新华网，2016 年 8 月 25 日。

第三节　作干村易地扶贫搬迁

一　易地扶贫搬迁进展情况

　　林川乡作干村是互助县 2016 年实施易地搬迁项目的一个重点村庄。村庄的搬迁主要原因是当地生存条件恶劣、生态环境脆弱、自然灾害频发。搬迁类型是建设新村集中安置，搬迁安置地点是距离旧村 3 公里以外的昝扎村下麻吉门，新村面积为 155 亩。新村共安置搬迁群众 140 户，其中作干村为 127 户、498 人，其余为林川乡河欠口村搬迁户。

　　作干村易地扶贫搬迁项目于 2016 年 3 月实施，总投资达 3260 万元，其中易地扶贫搬迁专项资金 1932 万元；各部门行业配套资金 1048 万元；群众自筹 280 万元，其中贫困户自筹 33.6 万元（贫困户每户自筹资金为 4000元），非贫困户自筹 246.4 万元（非贫困户户均自筹 3.9 万元）。搬迁户缴费标准经过村两委班子成员和户代表的会议确定，按搬迁户不同类型缴费，贫困户每户收费标准为 1 万元，未享受危房改造的一般户缴费 4 万元，已享受危房改造的一般户缴费为 6.5 万元。

　　项目实施过程中，贫困户每户实际上享受 20 万元，包括建房补助 8 万元、征地费 6 万元、基础建设费用 6 万元。非贫困户每户享受建房补助款 4.5 万元。每户房屋建筑面积为 80 平方米，房屋 5 间。宅基地占地 0.6 亩（其中住宅用地 0.4 亩，种植养殖区 0.2 亩），并配套水、电、路等基础设施。

2016 年底，127 户搬迁农户的新院落、房屋已建成，房屋粉饰、安装门窗、铺地板砖等收尾工作基本完成；道路、电力、人饮、文化活动广场等基础设施工程已完成90%。2017 年初，道路硬化、村庄绿化、村级广场已经完成。2017 年 3 月，作干村 127 户易地扶贫搬迁户中已搬迁25 户；至 2017 年底已基本完成搬迁任务、入住新村，广场旁的商铺也已经正式营业。村里还将在环卫、养老、卫生等方面配备相应设施。

建设好的新村，可以沿着宽阔的水泥路走进或驶进。两层村两委办公楼前是宽阔的村级广场，沿着新修的水泥村路，由北向南、由东至西，一排排整齐的新房立在砖瓦围起的四合院，每个院落都有漂亮的高门楼和红房顶。新居院内还有牲畜养殖区，还可以种菜。

二 易地扶贫搬迁效果

对于村民来说，易地扶贫搬迁不仅给了他们一个新的家，还给了他们脱贫的新希望。不过，在搬迁过程中仍有一部分村民舍不得老家，还有一定的顾虑。尤其是一些近几年才盖了新房的贫困户家庭，非常舍不得离开自己花费了金钱、精力建设起来的新家。为此，驻村第一书记、驻村工作队员以及村两委干部多次走家进户，耐心讲解关于搬迁工作的各项政策，得到了村民的支持和认可。住进新房后，村民都由衷地感叹，从没住过这么好的房子，能住在这里得感谢党的好政策。今后交通和村上的条件都变好了，他们就可以安心劳动、专心致富了。

根据入户调研，贫困户和非贫困户对于易地扶贫搬迁的效果都是满意的。在 1 分（非常满意)~5 分（很不满意）的评分范围内，贫困户和非贫困户对搬迁效果满意程度的打分均值分别为 1.42 分和 1.78 分，都处于非常满意和比较满意之间，仅有 2 户认为不太满意；总体上是很满意易地搬迁项目的实施效果的。

三 后续发展

整村搬迁后，村民如何保证和拓宽收入渠道？主要的后续发展途径如下。

第一，位于昝扎村的新村址距离互助县城仅 11 公里，交通方便，与旧村相比，大大减少了村民出行的距离、时间和费用。由于大部分外出务工的村民选择在本县或本乡工作，易地搬迁将为村民提供更多的便利，减少出行往返的时间和费用，增加村民外出务工的时间和人数。

第二，位于昝扎村的新村址周边，原有 100 多个旧塑料大棚。搬迁后，村里将改造安置地 100 多栋旧塑料大棚，发展蔬菜种植，增加经济收入。不过，大棚种植蔬菜是一种需要高劳动强度和高技能的产业，目前村民缺乏蔬菜种植方面的经验，还需要对村民开展技能培训，村民也需要有充分的信心，蔬菜销路也是一个需要考虑的问题。

第三，位于昝扎村的新村址是一个乡镇小集镇，根据村情并利用乡镇小集镇的区位优势，在地方政府的支持下，搬迁村民自主开办百货店、餐饮店等。在2017年2月开展村庄调研时，两户村民开办的百货商店和小卖部已经开张营业。一户常年在外经商的村民返回村里，筹备和经营了一家规模较大的百货商店，从日用品、食品到家用电器一应俱全。这家商店还与互助县县级电子商务扶贫服务中心（乐村淘）建立了密切的联系，成为该中心在作干新村（昝扎村）的一家村级服务点。乐村淘公司实行消费品下行惠农节支模式"乐6集"，通过每月6日、16日、26日的线上商城活动，线上集中预售、集中下单、集中发货、集中配送，打造出具有农民传统赶集模式的"网上赶集"，大大降低了采购和物流成本。同时实行农产品上行增收惠农方式"特色馆"，将县域特色品牌农产品资源通过乐村淘平台推向市场。该村级电商服务站点还具备金融、旅游、农资销售等功能，极大地方便了村民的生活，还为当地农副产品的销售提供了有效的渠道。另一户村民在隔壁经营了一家小卖部，可以补充满足村民的日常需求，其每月收入能够支撑一家的生计。

第四，开展各种培训，提高村民自我发展能力。作干村村委会主任牛顺德表示，易地搬迁后，村里拔穷根有了基础，村民增收的途径增加。看着生活环境的变化，村民的精神面貌有了转变，更愿意主动自我发展，改变"等靠要"的思想。

第五，扶持和推进搬迁村产业发展。搬迁出来的村子虽然住到了各方面条件都不错的地方，但是由于新村与原址距离比较远，增加了村民们种地的难度。另外，由于作干村耕地大部分是 25 度以上的坡耕地，是退耕还林还草工程逐步实施的对象，搬迁村民面临着两个方面的问题：一是由于部分群众外出打工，或是家中没有劳动力，原有的耕地只能出租或流转给村里的种植大户和外来的种植企业。二是由于退耕还林还草工程的实施，一些耕地将转变为草地，意味着搬迁村村民生产内容从种植业向养殖业的转变。为了从根本上实现搬迁村民的脱贫致富，持续促进搬迁村后续产业的发展，作干村积极开展产业扶贫，鼓励一些农户租种闲置耕地、增加种植规模，发展当归等特色中药材种植及云杉、碧桃等苗木种植。对有养殖意愿的农户，支持他们通过购买藏系羊繁育、仔猪育肥等方式拓宽养殖渠道。

第四节　易地扶贫搬迁影响分析

易地扶贫搬迁给村民带来了经济、社会和环境等方面的重大影响。

第一，易地搬迁将对村民的生产方式产生显著的影响。搬迁后，新村与旧村的距离将增加村民种地的难度，外出务工的村民数量和务工时间在可行的条件下将有所增加，同时一部分坡耕地将实施退耕还林还草工程，这意味着，村民的生产方式将发生较大的改变。一是种植规模增加，由各户分散种植向一些大户流转或租种土地开展较大规模的特色种植业转变。二是从主要为粮食作物种植业向牧草种植业和养殖业转变。三是以往村民很少从事商贸服务业，随着搬迁到新村后，由于新村位于乡、镇集市的便利条件，从事商贸服务业的村民将有所增加。四是外出务工的人员数量和务工天数将有所增加，使务工收入占村民家庭收入的比重进一步增加。生产方式的这几种转变，都有利于拓宽村民的收入渠道，有利于村民的脱贫致富。

第二，易地搬迁和与城镇化的融合对农户家庭收入有着显著的影响。[①] 搬迁后农户的家庭收入来源将发生变化，打工收入、从事商贸服务业的收入所占比重将有所增加。不过，搬迁村农户要通过劳动力向城镇转移来增加家庭收入，还需要一定的资金支持，且掌握新的生产技术等。

第三，易地搬迁将对农户家庭支出产生显著的影响。搬迁后村民家庭消费支出的变化情况比较复杂，由于农户在与城镇更近的地方居住，生活环境发生变化，农户日常的生活成本将有所增加；由于新村与旧村的距离增加，农业劳动的成本将有所增加，主要体现在交通、运输和时间

---

① 久毛措:《城镇化进程中青藏两省区农牧民家庭收支变化及满意度情况的调查分析》,《西藏大学学报》(社会科学版) 2013 年第 4 期。

成本上。不过，村民日常生活、儿童上下学和劳动力外出务工的交通成本和时间将大大减少。

第四，易地搬迁将对农户家庭的生活方式产生较大的影响。迁入新居后，作干村居民的生活方式正在与城镇生活方式融合。出了家门就有商店、小餐馆，还有村民开展集体活动、散步遛弯健身的村中心广场。儿童上学也在新村附近，病人就医的条件也更加便捷。

第五节　易地扶贫搬迁的困难与问题

作干村易地搬迁项目的实施遇到了很多挑战。

第一，土地资源有所缺乏。在易地扶贫搬迁工作中，土地是首先需要解决的难题。作干村是跨村的整村搬迁，需要大面积土地，选址时必须要政府出面。即使政府出面，由于新村占用了原有村镇的土地，搬迁居民还可能和原住居民产生一些村域、村界方面的矛盾。在这方面，林川乡政府、驻村工作队和村两委也进行了细致的工作。为了防备今后与昝扎村在土地上的争议，驻村工作队和村两委提出让乡政府出面，通过栽树、绿化带等形式，划分两村地界，预防作干新村与昝扎村潜在的土地边界纠纷。

第二，政府补助资金到位存在一定的滞后现象。易地搬迁的水、电、路等配套工程资金下达通常不能与搬迁项目同步，在一定程度上影响了村民的正常生活。① 作干村也存在这一问题，为此来自青海省高级法院的扶贫工作队开展了大量的工作。他们从法院办公经费中拿出 5 万元用于解决新村综合服务中心基建欠款问题；协调省交通厅落实了 440 万元的新村道硬化项目；联系县委、县政府主要领导落实了 90 万元的农户种养区建设项目；协调县林业局落实了 20 万元的村庄绿化项目。为作干新村基础设施建设早日顺利建成做出了很大的贡献。

第三，易地搬迁时农户资金缺乏。易地搬迁时，许多农户为此发生了借款，一些从亲戚朋友处借贷，一些从信用社借贷。搬迁后还需要装修买家具，又是一笔额外的支出。虽然为了从山里搬出来，大家都愿意下本钱，但还是会对搬迁户的家庭财务产生较大的冲击。

第四，后续产业发展有难度。整村搬迁后，村民需要发展产业来拓宽收入渠道。目前的途径，一是有效利用昝扎村边原有 100 多个旧塑料大棚发展蔬菜种植。二是利用新村地处乡镇小集镇的区位优势，村民自主开办百货店、餐饮店等，发展商贸服务业。三是发展较大规模的特色种植业和养殖业。这些发展途径都需要农民有一定的技能，而作干村村民比较缺乏蔬菜种植、特色种植、商贸服务业方面的技术和经验，既需要政府开展技术培训，还需要村民投入一定的时间和金钱来学习，扎实掌握相关技能。

---

① 《易地扶贫搬迁究竟难在哪儿？》，中国新闻网，2017 年 9 月 13 日。

第五，新村公共设施运行维护要考虑责任分担问题。村庄的一些公共设施（如路灯、环卫设施等）的正常运行需要一定的资金和劳力投入。作干村目前的村财务支出主要为工资费用和办公费用，2016 年分别仅为 5 万元和 2.1 万元，没有财力承担这部分运行维护支出。对此，作干新村制订了一些乡规民约来减少这类公共设施的损耗，比如针对太阳能路灯电瓶被盗问题，驻村工作队和村两委要求每户门前路灯由该户看管，责任自负。此外，还需要争取县乡政府的支持。

第六，旧村院落复耕有难度。按照国家政策，迁出区需要开展生态恢复，要由国土、林业、农牧等部门负责在迁出区实施退耕还林、宅基地复垦及整理、安置区绿化等生态环境恢复工程。由于作干村是整村易地搬迁，按照政策要对全村的原有宅基地进行复垦及整理。对此，有部分村民提出了自己的疑虑和担心。有的村民认为自己正在扩大养殖生产，易地搬迁、宅基地复垦后，将减少养殖区面积，影响养殖业的发展。还有一些认为自己在旧村的房屋还能发挥一些作用，在村民回山上种地时可以有一个歇脚之地，如果直接把房屋拆了很有些舍不得。可以预见的是，未来在开展旧有宅基地复垦及整理工作时，可能遇到比较大的阻力。

总体来说，作干村在我国易地扶贫搬迁工作中，既具有一定的典型性，又具有一定的特殊性。其典型性在于搬迁的主要原因、扶持政策、实施方式等。作干村的搬迁原因在全国较为普遍，主要是当地生存条件恶劣、生态环境脆弱、自然灾害频发；搬迁政策也统一执行国家和青海省规定的标准；在易地扶贫搬迁项目实施过程中，各级政府在基础设施建设、村民协调与管理方面发挥了重要的作用。

作干村易地扶贫搬迁的特殊性在于其所处地域和搬迁后生产、生活方式的显著转变。作干村位于河湟地区。5000多年以来，该地区经历了漫长的经济、社会与生态环境变迁，从狩猎经济与原始农业经济并行到更加倚重农业经济再到原始游牧状态和食草动物畜养并重，最终形成了以农耕为主的生产方式，垦殖范围从河谷地区向浅山和脑山坡地扩展，森林草山面积缩减，自然生态平衡遭到了严重破坏。作干村易地扶贫搬迁工程不仅仅是为了贫困农户实现扶贫脱贫，还是对河湟地区经济、社会与生态环境的一种人为改变，将使生产方式从以农耕为主向农耕与养殖并重的方向转变，将减少脑山地区的垦殖范围，增加该地区的森林和草地面积，使人口从脑山地区向河谷城镇地区转移，从而减少河湟地区历史上遗留的这些对居民生存不利的自然、经济与社会因素影响。这使得作干村的易地扶贫搬迁具有了重要的经济、社会与生态意义。

第十章

总　结

消除贫困对我国实现"到2020年全面建成小康社会"奋斗目标具有至关重要的作用。贫困村庄是我国接受国家扶贫政策的基础单位。在西北地区从"村庄"这一微观层面上了解贫困村庄的贫困状况及扶贫实践的特点和进展，对于了解和促进我国的扶贫脱贫进程具有重要意义。中国社会科学院组织的"精准扶贫精准脱贫百村调研"课题子课题组对互助县林川乡作干村开展了精准扶贫调研，本书是对该村以易地搬迁为主线实施精准扶贫实践的调研报告。

本调研报告分析了作干村所在地区及其基本情况；探讨了该村人口与劳动力流动情况；在村庄调研和入户研究的基础上，分析了村庄农业生产与经营、农户家庭收入与支出，村民的家庭生活和社会生活，村民的社会保障；了

第十章

总结

189

解了村庄扶贫精准脱贫情况，并重点研究了作干村易地扶贫搬迁项目的进展情况、实施效果、影响与存在问题。本调研报告对作干村的经济与社会发展有了一个客观深入的评价，对作干村开展的精准扶贫精准脱贫工作也有了一个较为深刻的认识。

作干村位于青海省河湟地区，在青海省甚至互助县都是比较贫困的村庄。农户家庭普遍存在经济赤字，村民尤其是贫困村民对国家补助资金的依赖性很强。根据村庄和入户调研，作干村目前的贫困状况及其成因已经发生了较大的结构性变化，从生存贫困转化为收入增长缓慢、家庭支出增加的相对贫困。

总体来看，该村贫困农户的主要致贫原因可分为以下两个。

一个是与自然资源、环境、区位条件和历史变迁有关，是典型的外部环境因素，也是长期的历史性因素。清末以来，随着河湟地区人口的增加、生产方式的变化、垦殖面积的增加、垦殖范围从河谷地区向浅山和脑山坡地扩展，河湟脑山地区生态环境出现了显著退化，自然灾害频发，农业生产条件恶劣，不利于居民生存。历史上遗留下来的这些自然、经济与社会状况对作干村产生了不利的影响。该村存在土地资源和水资源匮乏的情况，随着村庄人口的不断增加和土地化肥农药使用量的不断增加，人均耕地占有量有所减少，耕地土壤品质有一定程度的下降。加之调研村庄地处脑山偏远地区，对村民外出务工尤其是在县内打零工造成了较大的障碍。这些因素是作干村长久以来持续贫困、村民生活艰苦的历史性原因，很难在短期内完全克服。

另一个是与家庭结构密切相关，是典型的内部因素。家庭人口"两多一少"（即人口数量多、病号尤其是长期重病患者多，劳动力少）、家庭劳动力"两低一少"（占人口比重低、文化程度低，参加农业科技知识培训少）的结构制约了农村贫困户开展多种经营和多渠道就业，影响了农户的收入水平。不利的家庭结构还导致家庭的抗风险能力弱，很难在现有资产水平上迅速提高收入和积累，改变这种被动状态。

要改变一个村庄的自然资源、环境和区位等因素是非常困难的；家庭结构的因素也是客观存在于人类社会的。这两种主要致贫因素相结合，大大增加了扶贫工作的难度和成本。针对环境因素的扶贫措施，最有效的措施就是易地扶贫搬迁，虽然投入成本高，实施难度大，但是效果明显。针对内部因素的手段则主要依赖于社会救助和社会保障等，与整个社会尤其是农村地区的总体救助与保障水平密切相关。

本书重点探讨了易地扶贫搬迁与村庄精准脱贫的议题。易地扶贫搬迁是通过有序的人口转移实现城乡统筹发展的一个重要途径。青海省计划在"十三五"规划第一年即 2016 年搬迁安置 2.13 万户、7.76 万人，作干村是其中一个重点实施村庄。作干村生存条件恶劣、生态环境脆弱、自然灾害频发，易地搬迁对象是全村所有农户，并不仅仅局限于建档立卡贫困户。搬迁类型为建设新村集中安置，搬迁安置地点是距离旧村 3 公里以外的昝扎村下麻吉门，新村面积为 155 亩，共安置作干村民为 127 户、498 人。2017 年底已基本完成搬迁任务、入住新村，村民广场边的商铺已正式营业。总的来说，易地扶贫搬迁能从根本上解决村民子女上学、农民工社保、农民工就业等一系列问题，是西部生态脆弱贫困地区村庄彻底脱贫致富的一项重要出路。对于村民来说，易地搬迁不仅给了他们一个新家，还给了他们脱贫的新希望。虽然在搬迁过程中仍有一部分村民舍不得老家，但总体上村民对搬迁效果是满意的，也非常感谢党的好政策。

易地扶贫搬迁将对村民产生经济、社会和环境等方面的重大影响。在生产方式方面，搬迁后，作干村的家庭种植将由各户分散种植为主向分散种植与大户租种土地开展较大规模的特色种植业并重转变；从粮食作物种植为主向牧草种植和养殖并重转变；从村民很少从事商贸服务业向开始从事商贸服务业转变；务工收入占村民家庭收入的比重进一步增加。生产方式的转变有利于拓宽村民的收入渠道，有利于村民的脱贫致富。在收入和支出方面，搬迁后农户的家庭收入来源将发生变化，外出务工、从事商贸服务业的收入比重将有所增加；日常生活成本和农业劳动成本将有所增加，但是村民日常生活、子女上下学和外出务工的交通成本将大大减少。在村民生活方面，搬迁村民的生活方式正在逐渐与城镇生活方式融合。

当然，作干村易地搬迁项目的实施和后续发展面临很多挑战和困难。其中最主要的是后续产业发展有难度。整村搬迁后，村民需要通过几种途径发展产业、拓宽收入渠道。一是有效利用昝扎村边原有 100 多个旧塑料大棚发展蔬菜种植。二是利用新村地处乡镇小集镇的区位优势，村民自主开办百货店、餐饮店等，发展商贸服务业。三是发展较大规模的特色种植业和养殖业。这些发展途径都需要农民有一定的技术和经验，而作干村村民比较缺乏蔬菜种植、特色种植、商贸服务业方面的专业技能，既需要政府开展技术培训，还需要村民投入一定的时间和金钱来学习，以便掌握这方面的技能。另外，未来的旧村院落复耕存在一定的难度，有部分村民提出了自己的疑虑。有的村民认为易地搬迁和宅基地复垦不利于家庭养殖业的发展。还有一些认为自己在旧村的房屋还能发挥一些作用，在村民回山上种地时可以有一个歇脚之地，如果直接把房屋拆了很有些舍不得。可以预见的是，未来在开展旧有宅基地复垦及整理工作时，将遇到比较大的阻力。

从历史的角度来看待易地扶贫搬迁能让我们更深刻地理解这一行动的意义。5000 多年以来，河湟地区经历了漫长的经济、社会与生态环境变迁。从经济来看，河湟地区从狩猎经济与原始农业经济并行到更加倚重农业经济再到原始游牧状态和食草动物畜养并重，最终形成了以农耕为主的生产方式。与此同时，河湟地区垦殖面积大大增加、垦殖范围从河谷地区向浅山和脑山坡地扩展。从社会来看，河湟地区经历了以行政或军事手段推行的强制性移民、受战乱与自然灾害影响的自主移民、新中国建立以来的政府鼓励移民以及人口的自然增加等，人口数量迅速增加。从环境来看，在人口增加和垦殖范围扩大的情况下，森林草山面积缩减，加之牲畜放牧，自然生态平衡破坏严重。在这种背景下，作干村易地扶贫搬迁工程的实施，是对河湟地区经济、社会与生态环境的一种人为的改变，将使生产方式从农耕为主向农耕与养殖并重的方向转变；将减少脑山地区的垦殖范围，增加该地区的森林和草地面积；使人口从脑山地区向河谷城镇地区转移；从而减少河湟地区历史上遗留的这些对居民生存不利的自然、经济与社会因素影响，去除历史性的致贫原因。这种对河湟地区长久以来的经济、社会与生态环境变迁的人为改变，从理论上是合理的、有意义的，如果在实践中经过努力取得持续的成功，那么其意义将是显著的，贡献将是巨大的。

参考文献

李健胜:《汉族移民与河湟地区的人文生态变迁》,《西北人口》2010 年第 4 期。

刘中和:《论河湟地区的气候变化与文化演变——以马家窑、齐家、辛店和卡约文化期为考察范围》,《文化研究》2014 年第 20 期。

霍福:《南京"竹子巷"与青海汉族移民——民族学视野下民间传说故事的记忆和流变》,《青海师范大学民族师范学院学报》2006 年第 2 期。

赵永:《近代河湟地区移民》,《牡丹江大学学报》2012 年第 6 期。

梁新生:《简论清代河湟地区自然灾害成因》,《柴达木开发研究》2015 年第 12 期。

陈新海、刘永清:《清代河湟地区的土地垦殖与环境变迁研究》,《青海民族研究》2005 年第 1 期。

李卫平:《对青海省出生人口性别比的分析与思考》,《攀登》2006 年第 5 期。

《青海去年外出务工劳动力月均收入 3298 元,增长 42.6%》,《青海日报》2014 年 2 月 24 日。

杰拉:《回首退耕还林 15 年》,《青海日报 》2015 年 9 月 25 日。

苑尔芯、彭必源:《改革开放以来青海省农村居民收入状况分析》,《科技信息》2010 年第 15 期。

赵国锋、李建民:《村庄内部收入差异及农民认识——基于江、浙、冀、赣、川五省的情况调查分析》,《经济与管理》2007 年第 2 期。

胡业方:《家庭及村庄核心功能变迁与妇女权力的建构》,《华南农业大学学报》(社会科学版)2017 年第 16 期。

贺雪峰、仝志辉:《论村庄社会关联——兼论村庄秩序的社会基础》,《中国社会科学》2002 年第 3 期。

张寒冰、王卫东、侯天慧、杨耀文、侯文静、赵书红、张俊、刘双喜、王霞:《我国农村慢性病患病率的调查与分析》,《山西职工医学院学报》2016 年第 1 期。

《习近平青海考察回访:亲历者披露暖心细节》,新华网,2016 年 8 月 25 日。

久毛措:《城镇化进程中青藏两省区农牧民家庭收支变化及满意度情况的调查分析》,《西藏大学学报》(社会科学版)2013 年第 4 期。

《易地扶贫搬迁究竟难在哪儿?》,中国新闻网,2017 年 9 月 13 日。

后 记

消除贫困、改善民生、逐步实现共同富裕，是我国的战略目标。我国要在"十三五"时期全面建成小康社会，最艰巨的任务是脱贫攻坚；要实现到 2020 年 7000 多万农村贫困人口脱贫的目标，需要每年减贫 1000 多万人。在脱贫难度日益增加的情况下，各地必须认真执行新时期党和国家扶贫工作的新要求，开展精准扶贫精准脱贫，把扶贫工作落实到每一个贫困户、每一个贫困人口。

开展精准扶贫，需要精准调研以提供决策支撑。精准扶贫要做到"六精准"，即对象精准、项目安排精准、资金使用精准、措施到位精准、因村派人精准、脱贫成效精准。这就要求我们必须深入基层了解我国农村的贫困及扶贫现状，在此基础上，准确分析贫困成因、扶贫政策措施效果、存在问题和发展方向，从而为精准扶贫精准脱贫提供真实可靠的信息。

为此，2016 年由中国社会科学院组织实施"精准扶贫精准脱贫百村调研"国情调研特大项目。该项目拟在全国范围内选择 100 个贫困村同期开展村庄地情调研，并开展整体性研究。

经数量经济与技术经济研究所申请并经中国社会科学院科研局批准，课题组对青海省互助县林川乡作干村开展为期一年半的精准扶贫精准脱贫调研。调研子课题的负责人为数量经济与技术经济研究所副研究员王红。主要调研内容包括村庄基本状况、贫困状况及其演变、贫困的成因、减贫历程及成效、脱贫和发展思路等，针对作干村的特点，还开展了易地扶贫搬迁的专题调研。

本课题组于 2016 年底至 2017 年 7 月开展了三次实地调研。第一次调研于 2016 年 12 月 7~12 日进行，主要是对省、县、乡扶贫部门进行调研，并对调研村进行摸底调查，部分填写村问卷，收集住户信息，并就相关问题开展初步调查。第二次调研于 2017 年 2 月 13~27 日进行，主要开展贫困户和非贫困户的抽样问卷调查，并辅以其他调查，补充村问卷未完成部分。第三次调研于 2017 年 7 月 17~22 日进行，主要是了解 2017 年上半年的村庄最新发展变化，并就相关问题开展补充性和扩展性调查。调研采取了多种调研方法，包括访谈调查、实地观察、会议调查、抽样问卷调查、典型调查和文献调查等。

在课题实施过程中项目组得到了各方的大力支持。中国社会科学院科研局在调研内容、方法和报告撰写方面给予了细致地指导。数量经济与技术经济研究所及科研处等部门的领导和同事对课题实施给予了全程指导。青海省扶贫开发局、互助县扶贫开发局和林川乡政府为入村调研的顺利进行开展了细致的协调工作，提供了青海省、互助县和林川乡扶贫工作政策措施等资料。来自数量经

济与技术经济研究所和青海大学等单位的课题组成员在
调研过程中工作认真努力，做了大量工作，在此一并
致谢。

王　红

2019 年 10 月

图书在版编目（CIP）数据

精准扶贫精准脱贫百村调研. 作干村卷：易地扶贫
搬迁的实践 / 王红著. -- 北京：社会科学文献出版社，
2020.6

ISBN 978-7-5201-5213-6

Ⅰ.①精…　Ⅱ.①王…　Ⅲ.①农村-扶贫-调查报告
-互助土族自治县　Ⅳ.①F323.8

中国版本图书馆CIP数据核字（2019）第150392号

·精准扶贫精准脱贫百村调研丛书·

精准扶贫精准脱贫百村调研·作干村卷
——易地扶贫搬迁的实践

著　　者 / 王　红

出 版 人 / 谢寿光
组稿编辑 / 邓泳红　陈　颖
责任编辑 / 吴　敏

出　　版 / 社会科学文献出版社·皮书出版分社（010）59367127
　　　　　　地址：北京市北三环中路甲29号院华龙大厦　邮编：100029
　　　　　　网址：www.ssap.com.cn
发　　行 / 市场营销中心（010）59367081　59367083
印　　装 / 三河市尚艺印装有限公司

规　　格 / 开　本：787mm×1092mm 1/16
　　　　　　印　张：13.5　字　数：130千字
版　　次 / 2020年6月第1版　2020年6月第1次印刷
书　　号 / ISBN 978-7-5201-5213-6
定　　价 / 59.00元